FAST AND LAZY

MARTIN KINTRUP

FAST AND LAZY

Make it veggie!
GEMÜSE-GENUSS – GANZ EASY!

In unserem meist hektischen Alltag ist es eine Herausforderung, gesunde und leckere Mahlzeiten zuzubereiten. Wegen der Zeitersparnis locken Fertiggerichte, Pizza oder der Imbiss an der Ecke. Doch diese Gerichte sind meist nährstoffarm, dafür reich an unnötigen Zusatzstoffen, Fett und Zucker. Fit für die Herausforderungen von Arbeit, Sport und Familie machen diese also nicht, sie sorgen in unserem Körper eher für noch mehr Stressgefühle. Ein Teufelskreis! Hier kommen Tiefkühlgemüse und Gemüse aus dem Glas ins Spiel – die heimlichen Helfer für eine schnelle, vollkommen stressfreie und gesunde Küche.

FROSTFRISCH UND NÄHRSTOFFREICH: DIE VORZÜGE VON TIEFGEKÜHLTEM GEMÜSE

Unsere Nummer 1 sind dabei ganz klar tiefgekühlte Gemüse. Sie haben unschätzbare Vorteile: Da die Gemüse in vollreifem Zustand geerntet und anschließend unverzüglich schockgefrostet werden, bleiben ein Großteil der wichtigen Inhaltsstoffe, wie Vitamine oder sekundäre Pflanzenstoffe, erhalten. Häufig sind in TK-Gemüse mehr davon enthalten als in Frischgemüse, das einige Tage im Supermarkt gechillt hat.

Spinat, Kohl & Co. aus dem Tiefkühlfach sind also äußerst wertvolle Lebensmittel und außerdem super praktisch. Sie punkten durch lange Haltbarkeit und bieten so jederzeit, also auch außerhalb der Saison, eine vielfältige Auswahl an quasi frischem Grün, das jederzeit griffbereit ist. So kann man im Handumdrehen kreative und gesunde Gerichte zaubern, ohne

dabei auf Qualität und Aroma zu verzichten. Tiefgekühlte Gemüse leisten also ganz bequem einen wertvollen Beitrag zu einer ausgewogenen Ernährung.

Insbesondere bei Hülsenfrüchten, Mais, Tomaten, Rotkohl und Sauerkraut sind auch Gemüse aus Glas oder Dose eine geniale Alternative, wenn es mal schnell gehen muss. Kein lästiges Schälen, Schneiden oder Blanchieren – einfach das Behältnis öffnen und die küchenfertigen Gemüse in Pfanne, Topf oder auf dem Blech im Ofen kurz garen. So wird die Zubereitung von leckeren Mahlzeiten zum Kinderspiel, selbst an Tagen mit knappem Zeitbudget.

Durch ihre reiche Auswahl und Vielseitigkeit bei der Zubereitung sind Tiefkühlgemüse und Gemüse aus Glas oder Dose unverzichtbare Begleiter in der Küche. Ob man sie als leckere Beilage, in farbenfrohen Salaten oder als Hauptakteure in raffinierten Gerichten einsetzt, die Möglichkeiten sind nahezu endlos. Wegen ihrer schnellen und unkomplizierten Zubereitung integrieren wir frische Gemüse und Kräuter gerne und regelmäßig in unsere Gerichte. Das sorgt für jede Menge Abwechslung auf dem Teller. So wird Kochen nicht nur zu einer kreativen Pause im Alltag, sondern beschert uns auch jeden Tag ein kulinarisches Highlight, das unseren Körper mit gesunden Inhaltsstoffen versorgt und der Seele gut tut.

EINKAUF UND LAGERUNG

Während Gemüse aus dem Glas bei Einkauf, Transport und Lagerung relativ anspruchslos ist, gilt es bei TK-Gemüse einiges zu beachten, damit die Qualität erhalten bleibt. Hier einige nützliche Tipps, die Ihnen helfen, Einkauf und Lagerung zu einer mühelosen Routine zu machen, die Ihnen mehr Zeit für das Wesentliche verschafft – den Genuss köstlicher Mahlzeiten.

Das wichtigste Thema beim Einkauf ist die Kühlkette. Sie muss unbedingt erhalten bleiben, um die Qualität der TK-Produkte zu bewahren. Folgendes Prinzip ist dabei hilfreich: »Im Geschäft zuletzt, zuhause zuerst!« Damit die Produkte nur kurze Zeit ungekühlt sind, sollten sie als letztes in den Einkaufswagen wandern, zuhause dagegen als erstes ins Tiefkühlfach. Für längere Heimfahrten oder an warmen Tagen ist eine Kühltasche ratsam, am besten ergänzt durch kalte Akkus. Ein Blick auf die Verpackung zeigt, ob das Gemüse bei Anlieferung und im Laden ordentlich behandelt wurde. Eingedrückte Packungen lassen auf fehlende Sorgfalt schließen, Eiskristalle an der Verpackung auf Unterbrechung der Kühlkette.

COOL BLEIBEN: PRAKTISCHE TIPPS FÜR DEN EINKAUF VON TIEFKÜHL-GREENS

Für die Lagerung zuhause ist ein Tiefkühlfach oder eine Tiefkühltruhe unerlässlich. Falls nicht vorhanden, muss die komplette Packung umgehend für eine Mahlzeit verbraucht werden. Die temperatursensiblen Schätze halten sich nämlich auch im Kühlschrank nur maxi-

mal einen Tag. Bei der Vorratshaltung im Tiefkühlfach hilft nur rigorose Ordnung, um den Überblick zu bewahren. Das klappt am besten, wenn das Fach top gepflegt ist. Regelmäßiges Enteisen und Reinigen ist also Pflicht.

Ordnung ist das halbe Kochen. Das gilt vor allem im Tiefkühlfach: Stapeln Sie die Packungen ordentlich und lagern das Gemüse so, dass es leicht erreichbar ist. Gut organisierte Vorräte erleichtern die schnelle Zubereitung von Mahlzeiten. Behalten Sie zudem den Überblick über Ihren Vorrat. Notieren Sie sich, welche Gemüse sich im Tiefkühlfach befinden, um gezielt einzukaufen und nichts zu verschwenden.

Portionieren für Flexibilität: Teilen Sie größere Mengen in portionierbare Einheiten auf. So können Sie genau die Menge entnehmen, die Sie benötigen. Ideal zum Einfrieren

sind tiefkühlfeste Boxen, etwa aus Glas mit Plastikdeckel. Diese am besten mit dem Haltbarkeitsdatum beschriften, so haben Sie die Lagerdauer stets im Blick. Verwenden Sie die Produkte möglichst vor Ablauf des Haltbarkeitsdatums, damit Qualität und Geschmack gewährleistet ist. Doch auch kurz danach können die Produkte bei sachgerechter Lagerung noch gut verwendet werden.

Gemüse aus dem Glas stehen im Supermarkt in der Regel ungekühlt. Diese können Sie auch zuhause bei Zimmertemperatur aufbewahren – am besten in einem dunklen Schrank oder Vorratsraum, geschützt vor UV-Strahlung, die für einen gewissen Alterungsprozess auch bei jungem Gemüse sorgt. Lediglich nach dem Öffnen müssen Reste im Kühlschrank gelagert werden, sicherheitshalber nur für wenige Tage. Ausnahme: Alles, was in Essig eingelegt ist, hält sich in der Regel Wochen bis Monate.

TURBO KÖRNER-VIELFALT

Reis, Couscous & Co. zeigen sich hier als kongeniale Begleiter für schnelle Gemüse: Ganz easy zubereitet, aber immer raffiniert im Geschmack.

Italo-Soulfood

RUCOLA-RISOTTO MIT PILZEN

Für 2 Personen
Zubereitungszeit: 30 Min.
Pro Portion ca. 560 kcal

1 Zwiebel
2 Knoblauchzehen
2 EL Olivenöl
2 EL Speckwürfel
100 g Risottoreis
100 ml trockener Weißwein
  (z. B. Riesling)
2 TL Honig
1 TL Gemüsebrühe (Instant)
170 g Pilze (aus dem Glas;
  Pfifferlinge oder Stock-
  schwämmchen)
50 g Rucola
1 TL getrocknete ital. Kräuter
Salz
Pfeffer
2 EL Butter
50 g geriebener Parmesan

1. Zwiebel und 1 Knoblauchzehe schälen und fein würfeln. In einem Topf 1 EL Olivenöl erhitzen, Zwiebel, Knoblauch und Speckwürfel darin andünsten. Den Reis kurz mitdünsten, mit dem Wein ablöschen und die Flüssigkeit etwas einkochen lassen.

2. Honig, Brühe und 300 ml heißes Wasser dazugeben. Den Risotto zugedeckt bei schwacher bis mittlerer Hitze 18 Min. köcheln lassen, bis die Flüssigkeit fast vollständig verkocht ist, dabei hin und wieder umrühren.

3. Inzwischen die Pilze in ein Sieb abgießen, kalt abspülen und gründlich abtropfen lassen. Rucola waschen, trocken schleudern und grob hacken. Den übrigen Knoblauch schälen und fein würfeln. Das restliche Olivenöl in einer Pfanne erhitzen. Die Pilze mit Knoblauch und Kräutern darin braten, bis die ausgetretene Flüssigkeit vollständig verdunstet ist. Mit Salz und Pfeffer würzen.

4. Den Reis gegebenenfalls noch wenige Minuten weiter kochen, bis er bissfest ist, falls nötig noch etwas Wasser hinzufügen. Dann Butter, drei Viertel des Parmesans und zwei Drittel des Rucolas unterrühren. Mit Pfeffer und wenig Salz abschmecken.

5. Den Risotto auf Teller verteilen und die Pilze darauf anrichten. Den restlichen Rucola und übrigen Parmesan darüberstreuen und den Risotto servieren.

HÄHNCHEN-GEMÜSE-PILAW

Für 2 Personen
Zubereitungszeit: 30 Minuten
Pro Portion ca. 565 kcal

½ Zwiebel

1 Knoblauchzehe

30 g getrocknete Tomaten (in Öl)

150 g Basmatireis

1½ EL Öl

½ EL Zucker

1 TL Garam Masala

1 TL gemahlene Kurkuma

1 TL körniger Senf

2 TL ital. TK-Kräuter

Salz

200 g geschnetzelte Hähnchenbrust

250 g TK-Kaisergemüse

300 ml heiße Gemüsebrühe

½ EL Zitronensaft

Pfeffer

2 EL Granatapfelkerne

1. Zwiebel und Knoblauch schälen und fein würfeln. Die Tomaten abtropfen lassen und klein schneiden. Den Reis in ein Sieb geben und waschen, bis das ablaufende Wasser klar bleibt.

2. Das Öl in einem großen Topf erhitzen und die Zwiebel darin anbraten. Zucker, Garam Masala, Kurkuma, Senf, Kräuter und etwas Salz hinzufügen und kurz andünsten. Hähnchenfleisch und Knoblauch unter Rühren 2 Min. mitdünsten. Dann den Reis und die Tomaten kurz mitdünsten. Zuletzt das Kaisergemüse untermischen.

3. Brühe und Zitronensaft angießen und mit den übrigen Zuaten mischen. Den Pilaw zugedeckt ohne Rühren 10 Min. köcheln lassen, bis die Flüssigkeit aufgesogen ist. Den Herd abschalten und den Pilaw zugedeckt in 10–12 Min. gar ziehen lassen.

4. Den Reis auflockern und mit Salz und Pfeffer abschmecken. Den Pilaw auf Teller verteilen und mit Granatapfelkernen bestreut servieren.

Variante

Auch lecker, aber geschmacklich ganz anders:
Statt Garam Masala und Kurkuma 2 TL Currypulver verwenden und gegen Ende der Garzeit
1 EL Butter auf dem Reis schmelzen lassen.

Balkan-Klassiker auf Zypern-Trip

DJUVEC-REIS MIT BOHNEN UND HALLOUMI

Für 2 Personen
Zubereitungszeit: 30 Minuten
Pro Portion ca. 840 kcal

1 rote Zwiebel
1 Knoblauchzehe
½ rote Paprika
150 g Langkornreis
4 TL Olivenöl
200 g Tomatenpüree
6 EL Ajvar
1½ TL Zucker
300 ml Gemüsebrühe
125 g TK-Brechbohnen
1 Halloumi (200 g)
1 EL Butter
3 EL TK-Petersilie
Salz
Pfeffer

1. Zwiebel und Knoblauch schälen. Die Zwiebel halbieren und eine Hälfte fein würfeln. Knoblauch ebenfalls fein würfeln. Paprika waschen, weiße Trennwände und Kerne entfernen, das Fruchtfleisch würfeln. Reis in einem Sieb waschen, bis das ablaufende Wasser klar bleibt.

2. In einem Topf 2 TL Olivenöl erhitzen, Zwiebelwürfel, Knoblauch und Paprika darin andünsten. Tomatenpüree, 2 EL Ajvar, Zucker und Brühe dazugeben, alles zum Kochen bringen. Den Reis einrühren und zugedeckt 8 Min. auf niedriger Stufe garen, dabei immer wieder umrühren. Die Bohnen hinzufügen, erneut aufkochen und alles zugedeckt auf niedrigster Stufe 10 Min. gar ziehen lassen.

3. Die übrige Zwiebelhälfte in Streifen schneiden. Den Halloumi in Scheiben schneiden. Das restliche Öl in einer Pfanne erhitzen und den Halloumi darin auf beiden Seiten hellbraun braten. Butter und 1 EL Petersilie unter den Reis rühren, mit Salz und Pfeffer würzen.

4. Den Reis auf Teller verteilen und den Hallloumi darauf anrichten. Zwiebelstreifen und restlichen Ajvar daneben anrichten. Mit der übrigen Petersilie garnieren.

Einfach umami

TERIYAKI-DON MIT ROSENKOHL UND TOFU

Für 2 Personen
Zubereitungszeit: 25 Min.
Pro Portion ca. 580 kcal

300 g TK-Rosenkohl
Salz
125 g Sushireis
200 g Räuchertofu
1 Knoblauchzehe
2 EL Öl
2 TL Sesam
4 EL Teriyakisauce
½ EL Zitronensaft
½ TL Speisestärke
1 TL geröstetes Sesamöl
Pfeffer
1½ EL Reisessig
1 TL Zucker
2 Frühlingszwiebeln
   (nach Belieben)
2 EL eingelegter Ingwer
   (in Streifen; nach Belieben)

1. TK-Rosenkohl in leicht gesalzenem Wasser zum Kochen bringen und in 6–7 Min. gar kochen. Den Sushireis in einem Sieb waschen, bis das ablaufende Wasser klar bleibt. Den Reis abtropfen lassen. Dann mit 160 ml Wasser aufkochen und 2 Min. kochen lassen. Den Rosenkohl in ein Sieb abgießen und abtropfen lassen.

2. Die Herdtemperatur auf niedrigste Stufe stellen und den Reis 5 Min. weiterköcheln. Anschließend auf der ausgeschalteten Herdplatte 10 Min. ziehen lassen, dabei ein Tuch unter den Deckel klemmen.

3. Räuchertofu in kleine Würfel schneiden. Knoblauch schälen und fein würfeln. Das Öl in einer Pfanne erhitzen, den Tofu darin rundherum anbraten. Knoblauch, Rosenkohl und Sesam 2 Min. mitbraten. Teriyakisauce, Zitronensaft und Speisestärke mit 3 EL Wasser verrühren, dazugeben und sämig einkochen lassen. Sesamöl unterrühren, mit Salz und Pfeffer abschmecken.

4. Den Essig erwärmen, Zucker und ⅓ TL Salz darin auflösen. Den Reis auflockern, die Essigmischung darüberträufeln und vorsichtig einarbeiten. Nach Belieben Frühlingszwiebeln putzen, waschen und in Ringe schneiden.

5. Den Reis auf Schalen verteilen. Die Rosenkohl-Tofu-Mischung darauf anrichten. Nach Belieben mit Frühlingszwiebeln und eingelegtem Ingwer garnieren.

Variante

Auch so wird die japanische Reisbowl ein
Favourite: Statt Rosenkohl 1 gewürfelte rote
Paprika mit dem Tofu anbraten. Dann 110 g abge-
tropfte Maiskölbchen (aus dem Glas) mitgaren.

Überzeugt
mit leichter
Rauchnote

BULGUR-SALAT MIT ERBSEN UND RAUCH-MANDELN

Für 2 Personen
Zubereitungszeit: 20 Min.
Pro Portion ca. 670 kcal

1 rote Zwiebel
3 EL Weißweinessig
1½ EL Öl
1 TL Zucker
Salz
Pfeffer
125 g Bulgur
150 g TK-Erbsen
30 g Rauchmandeln
80 g Babyspinat
1 Birne
100 g Hummus (Kühlregal)

1. Die Zwiebel schälen und in feine Würfel schneiden. In einer Schüssel mit Essig, Öl und Zucker verrühren, mit Salz und Pfeffer würzen.

2. In einem Topf 250 ml leicht gesalzenes Wasser mit Bulgur und Erbsen zum Kochen bringen und zugedeckt 6 Min. köcheln lassen. Den Herd ausschalten und alles 5 Min. quellen lassen.

3. Inzwischen die Mandeln grob hacken. Den Spinat gegebenenfalls waschen und trocken schleudern. Die Birne waschen und halbieren, das Kerngehäuse entfernen. Die Birnenhälften in Würfel schneiden.

4. Bulgur und Erbsen auf einem Teller ca. 3 Min. abkühlen lassen. Inzwischen den Hummus auf zwei Teller verteilen und kreisförmig verstreichen.

5. Bulgur-Erbsen-Mix, Spinat, Birnenwürfel und zwei Drittel der Mandeln mit den marinierten Zwiebeln mischen, mit Salz und Pfeffer abschmecken.

6. Den Bulgursalat auf dem Hummus anrichten und die restlichen Mandeln darüberstreuen.

ONE-POT-COUSCOUS MIT BUTTER-GEMÜSE

Für 2 Personen
Zubereitungszeit: 25 Min.
Pro Portion ca. 790 kcal

150 g Kabanos- oder Sucuk-
wurst (am Stück)
1 Zwiebel
1 EL Olivenöl
225 g TK-Buttergemüse
40 g schwarze Oliven
(entsteint)
6 eingelegte Peperoni
1 TL Zucker
1 TL Baharat (ersatzweise
Ras el Hanout)
1 TL Gemüse- oder Hühner-
brühe (Instant)
100 g Couscous
1 EL Zitronensaft
Salz
Pfeffer
gehackte Kräuter
(z. B. Petersilie oder Dill;
nach Belieben)

1. Die Wurst in Scheiben schneiden, große Sucukschei-
ben halbieren oder vierteln. Die Zwiebel schälen und
fein würfeln. Das Öl in einem Topf erhitzen, Zwiebel und
Wurst darin andünsten. Gemüse, Oliven und Peperoni
dazugeben und 2 Min. mitdünsten. Zucker und Baharat
unterrühren, 250 ml heißes Wasser und die Instant-Brühe dazugeben. Alles zum Kochen bringen und zugedeckt
bei schwacher Hitze 5 Min. köcheln.

2. Den Couscous unterrühren und zugedeckt auf niedrigster Stufe 5 Min. garen. Den Herd ausschalten und den
Couscous weitere 5 Min. quellen lassen.

3. Die Peperoni herausnehmen und beiseitelegen. Den
Zitronensaft unter den Couscous heben. Mit Salz und
Pfeffer abschmecken. Den Couscous auf tiefe Teller oder
Schalen verteilen und die Peperoni darauf anrichten.
Nach Belieben mit Kräutern bestreut servieren.

Variante

So wird's vegetarisch: Die Wurst durch
je 75 g gewürfelte getrocknete Tomaten und
Halloumikäse sowie ⅓ TL Pul Biber ersetzen.
Alles mit den Zwiebeln anbraten und wie beschrieben fortfahren.

Mit Knusperfaktor

BROKKOLI-PICCATA MIT ORANGEN-COUSCOUS

Für 2 Personen
Zubereitungszeit: 30 Minuten
Pro Portion ca. 645 kcal

300 g TK-Brokkoli
Salz
3 Eier (M)
90 g geriebener Parmesan
3 Knoblauchzehen
2 EL Mehl
150 ml Gemüsebrühe
100 ml Orangensaft
2 EL Zitronensaft
1 EL Butter
2 Zacken Sternanis
½ TL Honig
125 g Couscous
Öl zum Ausbacken
125 g Joghurt

1. Den Brokkoli in einem Topf zugedeckt mit 125 ml gesalzenem Wasser zum Kochen bringen und 2 Min. bei starker Hitze kochen. Die Herdtemperatur reduzieren und den Brokkoli in 5 Min. fertig garen.

2. Eier und Parmesan verquirlen. Den Knoblauch schälen und 1 Zehe in die Eiermischung pressen. Das Mehl auf einen zweiten Teller häufen. Den Brokkoli kalt abschrecken und in einem Sieb abtropfen lassen.

3. In einem Topf Brühe, Orangensaft, 1 EL Zitronensaft, Butter, Sternanis und Honig zum Kochen bringen. 1 Knoblauchzehe dazupressen. Den Couscous unter Rühren einrieseln und aufkochen lassen. Den Topf vom Herd nehmen, den Couscous zugedeckt 10 Min. quellen lassen.

4. Den Brokkoli in der Salatschleuder trocken schleudern. Große Röschen halbieren. In einer Pfanne ½ cm hoch Öl erhitzen. Die Brokkoliröschen im Mehl wenden, durch die Parmesan-Ei-Masse ziehen und portionsweise im Öl rundherum goldbraun backen. Die Röschen herausnehmen und auf Küchenpapier entfetten.

5. Den Joghurt mit dem übrigen Zitronensaft verrühren. Den restlichen Knoblauch dazupressen, mit Salz und Pfeffer würzen. Den Couscous auflockern, auf zwei Teller häufen und den Brokkoli darauf anrichten. Den Joghurt-Dip in Schälchen dazu reichen.

Powert
dich mit
Pflanzen-
proteinen

QUINOA-BOWL MIT SÜSS-KARTOFFEL-FRIES

Für 2 Personen
Zubereitungszeit: 35 Minuten
Pro Portion ca. 495 kcal

1 rote Zwiebel
1 Knoblauchzehe
2 Tomaten
2 EL Limettensaft
1 EL Öl
1 TL Honig
Cayennepfeffer
Salz
Pfeffer
200 g TK-Süßkartoffel-
   Pommes
100 g Quinoa
70 g junger Blattspinat
200 g Adzukibohnen
   (aus Glas oder Dose)
gehackte Kräuter (z. B. Petersilie oder Koriandergrün;
   nach Belieben)

1. Den Backofen auf 200° vorheizen. Ein Backblech mit Backpapier belegen. Zwiebel und Knoblauch schälen und in feine Würfel schneiden. Tomaten waschen und ebenfalls in Würfel schneiden, dabei die Stielansätze entfernen. Zwiebel, Knoblauch und Tomaten mit Limettensaft, Öl, Honig und 2 Prisen Cayennepfeffer zu einer Marinade verrühren. Mit Salz und Pfeffer kräftig würzen.

2. Die Süßkartoffel-Pommes auf dem Backblech verteilen und nach Packungsanweisung im Ofen (Mitte) in ca. 25 Min. knusprig backen.

3. Inzwischen die Quinoa in einem Sieb waschen und abtropfen lassen. In einem Topf 200 ml leicht gesalzenes Wasser aufkochen, die Quinoa einrühren und zugedeckt nach Packungsanweisung in 15–20 Min. gar kochen.

4. Den Spinat verlesen, waschen, trocken schleudern und auf zwei Bowls verteilen. Die Bohnen samt Einlegeflüssigkeit in einem Topf erhitzen, in ein Sieb abgießen und mit der Marinade mischen. Mit Salz und Pfeffer würzen.

5. Die Quinoa auflockern und seitlich auf den Spinat häufen. Süßkartoffel-Pommes und Bohnen daneben anrichten. Die Bowls nach Belieben mit Kräutern bestreuen.

MEDITER-RANER GRÜNKOHL MIT POLENTA

Für 2 Personen
Zubereitungszeit: 25 Min. + 15 Min. Kochen
Pro Portion ca. 745 kcal

1 Zwiebel
½ EL Öl
400 g TK-Grünkohl
700 ml Gemüsebrühe
2 Knoblauchzehen
100 g Polentagrieß
100 g getrocknete Tomaten
  (in Öl)
60 g grüne Oliven (entsteint)
75 g Schafskäse (Feta)
2 EL Rauchmandeln (oder
  geröstete Salzmandeln)
1 EL Butter
1½ EL Weißweinessig
2 TL Honig
Salz
weißer Pfeffer

1. Die Zwiebel schälen und in feine Würfel schneiden. Das Öl in einem Topf erhitzen und die Zwiebel darin andünsten. Den Grünkohl kurz mitdünsten, 200 ml Brühe angießen und alles zugedeckt 30 Min. köcheln.

2. Nach 15 Min. die restliche Brühe in einem Topf zum Kochen bringen. Den Knoblauch schälen und dazupressen. Die Polenta unter Rühren einrieseln lassen und zugedeckt 10 Min. köcheln, dabei immer wieder umrühren.

3. Inzwischen die Tomaten abtropfen lassen und in Würfel schneiden. Die Oliven halbieren und den Feta würfeln. Die Rauchmandeln grob hacken.

4. Butter und den Essig unter die Polenta rühren, mit Salz und Pfeffer abschmecken.

5. Tomaten und Oliven unter den Grünkohl mischen und 3 Min. mitgaren. Honig und restlichen Essig dazugeben und kurz weitergaren. Mit Salz und Pfeffer abschmecken, die Fetawürfel unterheben.

6. Die Polenta glatt rühren und mit dem Grünkohl in tiefen Tellern oder Suppenschalen anrichten. Mit den Rauchmandeln bestreut servieren.

Variante

Einen Eiweiß-Boost und Hülsenfrucht-Power erhält das Gericht, wenn in den letzten 5 Min. noch 100 g Cannellini-Bohnen (aus der Dose) mit dem Grünkohl gegart werden.

FELDSALAT MIT GEBRATENEN AVOCADO-SPALTEN

Für 2 Personen
Zubereitungszeit: 20 Min.
Pro Portion ca. 595 kcal

3 EL Weißweinessig

2 EL Öl

1 TL flüssiger Honig

1 TL mittelscharfer Senf

½ TL geräuchertes Paprika-
    pulver

½ TL gemahlener Kreuz-
    kümmel

Salz

Pfeffer

80 g Feldsalat

1 kleine Dose Mais
    (130 g Abtropfgewicht)

1 rote Paprikaschote

½ säuerlicher Apfel

3 Scheiben Frühstücksspeck
    (Bacon)

1 Avocado

2 EL Kürbiskerne

2 TL Öl zum Braten

1. Für das Dressing Essig, Öl, Honig und Senf mit Paprikapulver und Kreuzkümmel verrühren. Mit Salz und Pfeffer würzen. Den Feldsalat waschen, putzen und trocken schleudern.

2. Den Mais in ein Sieb abgießen und abtropfen lassen. Die Paprika waschen, halbieren, weiße Trennwände und Kerne entfernen. Die Paprikahälften in feine Streifen schneiden. Den Apfel waschen, vierteln, Kerngehäuse entfernen und die Viertel würfeln. Mais, Paprika und Apfel mit dem Dressing mischen.

3. Die Baconscheiben quer halbieren. Die Avocado halbieren, entkernen und schälen. Jede Hälfte in 3 Spalten schneiden und diese mit den Baconscheiben umwickeln.

4. Die Kürbiskerne in einer Pfanne ohne Fett anrösten, bis sie knacken. Dann sofort auf einen Teller geben. Das Öl in der Pfanne erhitzen, die eingewickelten Avocadospalten darin rundherum braten, bis der Bacon leicht gebräunt ist. Mit Pfeffer und eventuell Salz würzen.

5. Den Feldsalat auf zwei Schalen verteilen. Den Mais-Paprika-Apfel-Mix in Häufchen daraufsetzen, die Avocadospalten darauf anrichten. Die Kürbiskerne darüberstreuen und servieren. Dazu passt Baguette.

NUDEL-WUNDER FÜR EILIGE

Ohne Umwege zum Genuss: Fixe Pasta-Kreationen erobern leere Teller im Sturm und sorgen ratzfatz für köstliche Gemüsemahlzeiten.

TORTELLINI-SALAT MIT KIRSCH-TOMATEN

Für 2 Personen
Zubereitungszeit: 15 Min.
Pro Portion ca. 575 kcal

250 g frische Tortellini
  (Kühlregal; Füllung nach
  Wunsch)
Salz
80 g Pesto rosso
  (aus dem Glas)
1 EL Olivenöl
2 EL Aceto balsamico bianco
1 TL flüssiger Honig
Salz
Pfeffer
200 g Kirschtomaten
60 g Rucola
100 g eingelegte Artischo-
  ckenherzen

1. Die Tortellini in kochendem Salzwasser nach Packungsanweisung bissfest garen. Anschließend in ein Sieb abgießen, kalt abschrecken und abtropfen lassen.

2. Für das Dressing in einer Schüssel Pesto, Olivenöl, Essig und Honig glatt rühren. Mit wenig Salz und Pfeffer abschmecken. Die Tortellini mit dem Dressing mischen.

3. Die Tomaten waschen und halbieren. Den Rucola verlesen, waschen und trocken schleudern. Die Artischocken abtropfen lassen und eventuell halbieren oder vierteln.

4. Tomaten, Rucola und Artischocken mit den Tortellini mischen. Den Tortellinisalat in Teller oder Salatschalen verteilen und servieren.

Gepimpter Klassiker aus Taiwan

SESAM-NUDELN MIT EDAMAME UND PILZEN

Für 2 Personen
Zubereitungszeit: 30 Min.
Pro Portion ca. 720 kcal

200 g Asia-Nudeln für die Pfanne (z. B. Mienudeln)
125 g TK-Edamame
4 Frühlingszwiebeln
200 g Champignons
1½ EL Tahin (Sesampaste)
3 EL Sojasauce
1 EL Apfelessig
2 TL geröstetes Sesamöl
1 TL Zucker
1 Knoblauchzehe
Salz
Pfeffer
2 EL Sesam
2 EL Öl
Chilisauce (z. B. Sriracha-sauce; nach Belieben)

1. Die Nudeln nach Packungsanweisung gar kochen oder einweichen. Inzwischen die Bohnen in kochendem Wasser 5 Min. blanchieren. Anschließend Nudeln und Bohnen abgießen, kalt abschrecken und abtropfen lassen.

2. Die Frühlingszwiebeln putzen, waschen und in feine Ringe schneiden. Die Pilze putzen und in Scheiben schneiden. Für die Sauce Sesampaste, Sojasauce, Essig, Sesamöl und Zucker verrühren. Den Knoblauch schälen und dazupressen. Mit Salz und Pfeffer würzen.

3. In einer beschichteten Pfanne den Sesam rösten, bis er leicht gebräunt ist und zu knacken beginnt. Sofort herausnehmen und auf einem Teller abkühlen lassen.

4. Das Öl in der Pfanne erhitzen und die Pilze darin leicht braun braten. 2 EL Frühlingszwiebeln beiseitelegen, die restlichen mit den Nudeln in der Pfanne erhitzen. Die Sauce dazugießen und alles durchschwenken.

5. Die Nudeln auf Teller verteilen. Mit Sesam und den übrigen Frühlingszwiebeln bestreut servieren. Nach Belieben bei Tisch mit etwas Chilisauce schärfen.

KÜRBIS-PASTA MIT ZIEGEN-KÄSE

Für 2 Personen
Zubereitungszeit: 30 Min.
Pro Portion ca. 505 kcal

225 g TK-Hokkaidokürbis
  (gewürfelt)
1 TL getrockneter Rosmarin
½ TL geräuchertes Paprikapulver
2 EL Olivenöl
Salz
2 EL Pinienkerne
2 Frühlingszwiebeln
200 g kurze Nudeln
  (z. B. Casarecce)
100 g Ziegenfrischkäsetaler
2 TL flüssiger Honig
2 EL Zitronensaft
Auflaufform (ca. 20 × 30 cm)

1. Für die Pasta den Backofen auf 200° (Umluft) vorheizen. Den Kürbis in der Auflaufform verteilen, mit Rosmarin und Paprikapulver bestreuen, mit Olivenöl beträufeln und Salz würzen. Im Backofen (Mitte) 20 Min. backen.

2. Inzwischen die Pinienkerne in einer Pfanne ohne Fett hellbraun rösten und auf einen Teller geben. Die Frühlingszwiebeln putzen, waschen und in Ringe schneiden.

3. Die Nudeln nach Packungsanweisung in reichlich kochendem Salzwasser bissfest garen. Eine Tasse Nudelwasser abnehmen. Die Nudeln in ein Sieb abgießen, kurz abschrecken und abtropfen lassen.

4. Den Ziegenkäse auf den Kürbis legen, mit Honig beträufeln und im Ofen 4 Min. erhitzen. Die Auflaufform herausnehmen. 100 ml Nudelwasser, Zitronensaft, die Hälfte der Frühlingszwiebeln und die Nudeln in der Form mit Kürbis und Ziegenfrischkäse mischen.

5. Die Kürbispasta mit Salz und Pfeffer abschmecken und auf Teller verteilen. Mit den restlichen Frühlingszwiebeln und den Pinienkernen bestreut servieren.

Variante

Lust auf eine weihnachtliche Note? Dann den Kürbis zusätzlich mit etwas gemahlenem Anis und Zimtpulver bestreuen. Außerdem in Step 4 nur 70 ml Nudelwasser und zusätzlich 2 EL Orangensaft unterrühren.

Klassiker
mit fruchtigem
Extra

SCHUPF-NUDELN MIT ANANAS-KRAUT

Für 2 Personen
Zubereitungszeit: 25 Min.
Pro Portion ca. 590 kcal

1 rote Paprikaschote
1 Zwiebel
2 EL Öl
400 g Sauerkraut (aus dem Glas)
1 Dose Ananasstücke (230 g Füllgewicht)
½ TL Kümmel
400 g Schupfnudeln (Kühlregal)
50 g Schmand
½ TL geräuchertes Paprikapulver
Salz
Pfeffer
½ TL Zucker
1 EL Butter

1. Für das Sauerkraut die Paprika waschen, halbieren, weiße Trennwände und Kerne entfernen. Die Paprikahälften in kleine Würfel schneiden. Die Zwiebel schälen und ebenfalls würfeln.

2. In einem Topf 1 EL Öl erhitzen, Paprika und Zwiebel darin unter gelegentlichem Rühren 4 Min. braten. Sauerkraut, Ananassaft und Kümmel dazugeben und zum Kochen bringen. Die Ananaswürfel auf das Sauerkraut legen und alles zugedeckt ohne Rühren 8 Min. köcheln lassen.

3. Inzwischen das übrige Öl in einer Pfanne erhitzen und die Schupfnudeln darin bei mittlerer Hitze unter gelegentlichem Wenden ca. 6 Min. rundherum anbraten.

4. Schmand und Paprikapulver unter das Sauerkraut rühren. Mit Salz, Pfeffer und Zucker abschmecken und das Ananaskraut zugedeckt warm halten.

5. Die Butter zu den Schupfnudeln geben und diese bei mittlerer Hitze rundherum goldbraun braten. Schupfnudeln und Sauerkraut auf Teller verteilen und servieren.

SPÄTZLE MIT RAHM-KRÄUTER-SEITLINGEN

Für 2 Personen
Zubereitungszeit: 20 Min.
Pro Portion ca. 560 kcal

200 g Kräuterseitlinge
2 Knoblauchzehen
1 EL Öl
½ TL Zucker
100 ml Weinaperitif
   (z. B. Lillet blanc oder
   Martini bianco)
200 g TK-Rahmporree
150 ml Gemüsebrühe
2 TL eingelegter grüner Pfeffer + 2 TL Einlegeflüssigkeit
1½ EL Limettensaft
80 g Sahne
Salz
Pfeffer
400 g Spätzle (Kühlregal)

1. Die Pilze putzen. Die Stiele in Scheiben schneiden, bei besonders dicken Stielen die Scheiben halbieren. Die Pilzhüte in Streifen schneiden. Den Knoblauch schälen und in feine Würfel schneiden.

2. Das Öl in einer Pfanne erhitzen und die Kräuterseitlinge darin in 4–5 Min. leicht braun braten. Den Knoblauch kurz mitbraten. Den Zucker darüberstreuen und leicht karamellisieren. Mit dem Weinaperitif ablöschen und die Flüssigkeit etwas einkochen lassen.

3. Rahmporree, Brühe und grünen Pfeffer samt Einlegeflüssigkeit dazugeben und kurz mitköcheln lassen. Limettensaft und Sahne hinzufügen und unterrühren. Mit Salz und Pfeffer abschmecken und zugedeckt warm halten.

4. Die Spätzle nach Packungsanweisung in Salzwasser garen, in ein Sieb abgießen und abtropfen lassen. Dann auf zwei Teller verteilen, die Rahmkräuterseitlinge darauf anrichten und servieren.

Variante

Als Alternative für Spätzle kann man Eiernudeln verwenden, etwa Tagliatelle oder die besonders breiten Pappardelle. Auch Semmelknödel (aus dem Kühlregal) sind ein echter Klassiker dazu.

ONE-POT-RAVIOLI MIT BAKED BEANS UND THUNFISCH

Für 2 Personen
Zubereitungszeit: 15 Min.
Pro Portion ca. 610 kcal

1 Zwiebel
1 Knoblauchzehe
250 g Zucchini
1 EL Olivenöl
1 EL Tomatenmark
1 TL Zucker
1 Glas Baked Beans
(ca. 350 g)
250 g frische Ravioli
(Füllung nach Belieben;
Kühlregal)
150 ml Gemüsebrühe
1 Dose Thunfisch
(im eigenen Saft; ca. 185 g)
1 kleines Bund Basilikum
1 EL Aceto balsamico
Pfeffer
Salz

1. Zwiebel und Knoblauch schälen und würfeln. Zucchini putzen, waschen und in kleine Würfel schneiden.

2. Das Olivenöl in einem Topf erhitzen und die Zwiebel darin 1 Min. braten. Zucchini und Knoblauch 2 Min. mitbraten. Tomatenmark und Zucker untermischen und mitbraten, bis der Zucker leicht karamellisiert.

3. Baked Beans mit Sauce, Ravioli, Brühe und die Thunfischflüssigkeit dazugeben, alles zum Kochen bringen und zugedeckt 2 Min. köcheln lassen. Den Thunfisch dazugeben und weitere 2 Min. köcheln lassen.

4. Das Basilikum waschen und trocken tupfen, die Blätter abzupfen. Den Essig unter die Ravioli mischen, mit Pfeffer und gegebenenfalls etwas Salz abschmecken. Die Hälfte des Basilikums unterrühren.

5. Die Ravioli auf tiefe Teller verteilen und mit dem restliche Basilikum bestreut servieren.

Variante

Baked Beans und Thunfisch sind ein »Match made in Heaven«. Wer es aber lieber vegetarisch mag, kann auch auf die nicht zu unterschätzenden pflanzlichen Thunfisch-Imitate zurückgreifen.

ONE-POT-RISONI MIT ERBSEN UND GARNELEN

Für 2 Personen
Zubereitungszeit: 20 Min.
Pro Portion ca. 565 kcal

150 g TK-Garnelen
    (roh und geschält)
1 Knoblauchzehe
Salz
200 g Risoni
2 Frühlingszwiebeln
1 Bio-Zitrone
200 g TK-Erbsen
50 g Schmand
1 TL Meerrettich
    (aus dem Glas)
Pfeffer

1. Die Garnelen bei Zimmertemperatur leicht antauen lassen. Den Knoblauch schälen und fein würfeln. In einem Topf 550 ml leicht gesalzenes Wasser mit dem Knoblauch aufkochen. Die Risoni darin zugedeckt unter gelegentlichem Rühren 6 Min. köcheln lassen.

2. Inzwischen die Frühlingszwiebeln putzen, waschen und in Ringe schneiden. Die Garnelen halbieren. Die Zitrone heiß waschen und trocken tupfen, die Schale fein abreiben und den Saft auspressen.

3. Die Erbsen zu den Risoni geben, aufkochen und zugedeckt 2 Min. köcheln lassen. Dann die Garnelen und den weißen Teil der Frühlingszwiebeln auf die Risoni legen und zugedeckt im Dampf garen.

4. Garnelen und Frühlingszwiebeln mit den Risoni mischen. Schmand, Meerrettich, Zitronenschale und 3 EL Zitronensaft unterrühren. Die Risoni mit Salz, Pfeffer und eventuell noch etwas Zitronensaft abschmecken. Die Hälfte der grünen Frühlingszwiebelringe unterheben.

5. Die Risoni auf tiefe Teller verteilen und etwas Pfeffer grob darübermahlen. Mit den restlichen Frühlingszwiebeln bestreut servieren.

BAKED FETA-PASTA MIT BROKKOLI

Für 2 Personen
Zubereitungszeit: 30 Min.
Pro Portion ca. 705 kcal

1 Knoblauchzehe
150 g Schafskäse (Feta)
300 g TK-Brokkoliröschen
  (leicht angetaut)
½ TL Chiliflocken
1 EL Olivenöl
2 EL Zitronensaft
1 Bund Schnittlauch
30 g Walnusskerne
180 g kurze Nudeln
  (z. B. Maccheroni)
Salz
50 ml trockener Weißwein
1 TL flüssiger Honig
Pfeffer
Auflaufform (ca. 20 × 30 cm)

1. Den Backofen auf 250° vorheizen. Knoblauch schälen und in Scheiben schneiden. Den Feta im Ganzen in die Auflaufform legen. Die Brokkoliröschen je nach Größe gegebenenfalls halbieren und auf dem Feta verteilen. Knoblauch und Chiliflocken darüberstreuen. Mit dem Olivenöl und 1 EL Zitronensaft beträufeln. Den Feta im Backofen (Mitte) 15 Min. backen.

2. Den Schnittlauch waschen, trocken schütteln und in feine Röllchen schneiden. Die Walnüsse zerbröckeln. Die Nudeln nach Packungsanweisung in Salzwasser bissfest garen. Eine Tasse Kochwasser abnehmen. Die Nudeln in ein Sieb abgießen und abtropfen lassen.

3. Den Wein über den Brokkoli gießen und die Walnüsse darüberstreuen. Alles weitere 5 Min. backen.

4. Die Form aus dem Ofen nehmen, alles mit dem Honig und dem übrigen Zitronensaft beträufeln. Den Inhalt der Form mit einer Gabel gut durchmischen und mit Salz und Pfeffer würzen. Die Nudeln und soviel Kochwasser unterrühren, bis die Sauce leicht cremig wird. Die Nudeln auf Teller verteilen und mit dem Schnittlauch bestreuen.

Variante

Echt toll: Zusätzlich 150 g Hähnchenstreifen (aus der Fleisch-SB-Theke) – gewürzt mit Salz, Pfeffer und etwas Paprikapulver – mit Brokkoli und Feta im Ofen mitgaren.

Neuer Star am Gratin-Himmel

MÖHREN-LAUCH-NUDELN AUS DEM OFEN

Für 2 Personen
Zubereitungszeit: 10 Min. + 45 Min. Backen
Pro Portion ca. 780 kcal

150 g kurze Nudeln (Casa-
   recce oder Maccheroni)
100 g Möhren
250 g TK-Rahmporree
100 g grobe Bratwurst
Salz
Pfeffer
1 EL Weißweinessig
1 TL Zucker
250 ml Gemüsebrühe
125 g Béchamelsauce
   (Fertigprodukt)
1 TL getrocknete ital. Kräuter
60 g geriebener Gratinkäse
1 EL Röstzwiebeln
Auflaufform (ca. 20 × 30 cm)

1. Den Backofen auf 200° vorheizen. Nudeln, Möhren und Rahmporree in einer Auflaufform verteilen. Die Wurst aus dem Darm drücken, in kleine Stücke teilen und auf dem Gemüse verteilen. Mit Salz und Pfeffer würzen, mit Essig beträufeln und mit dem Zucker bestreuen. Gemüsebrühe dazugeben und die Béchamelsauce darübergießen. Alles mit den Kräutern bestreuen.

2. Die Möhren-Lauch-Nudeln im Ofen (Mitte) 45 Min. backen, dabei nach 20 Min. mit dem Käse bestreuen.

3. Die Form aus dem Ofen nehmen, alles gut durchrühren und auf Teller verteilen. Mit den Röstzwiebeln bestreuen und servieren.

HURTIGE HÜLSEN- FRÜCHTE

In Nullkommanichts zu proteinreichen Gemüsetellern: Leckere Rezepte mit Linsen, Kichererbsen & Co. gibt es in diesem Kapitel in Hülse und Fülle.

Sommertraum

LINSENSALAT MIT GEGRILLTEM HALLOUMI

Für 2 Personen
Zubereitungszeit: 15 Min.
Pro Portion ca. 660 kcal

200 g gegarte braune Linsen
  (aus Glas oder Dose)
1 EL Rotweinessig
3 EL Zitronensaft
2 TL + 1 EL Honig
½ TL Ingwerpulver
2 EL Öl
Salz
Pfeffer
125 g Kirschtomaten
250 g Halloumi
1 großer reifer Pfirsich
2 Stängel Minze
  (nach Belieben)
80 g Pflücksalat
  (küchenfertig)

1. Die Linsen in ein Sieb abgießen, kalt abspülen und gut abtropfen lassen. In einer Schüssel Essig, 2 EL Zitronensaft, 2 TL Honig, Ingwer und Öl verrühren. Mit Salz und Pfeffer würzen. Die Linsen untermischen und den Salat beiseitestellen. Die Tomaten waschen und halbieren.

2. Den Halloumi in Scheiben schneiden. Den Pfirsich waschen, halbieren und entsteinen. Die Hälften noch mal halbieren. Eine Grillpfanne erhitzen, 1 EL Öl hineingeben und die Halloumischeiben sowie die Pfirsichviertel auf allen Seiten anbraten, sodass sie rundherum Grillstreifen bekommen. Den restlichen Honig und den übrigen Zitronensaft dazugeben und kurz durchschwenken. Die Pfanne vom Herd nehmen.

3. Nach Belieben Minze waschen und trocken tupfen, die Blätter abzupfen. Pflücksalat und Tomaten unter die Linsen heben. Den Salat auf Teller oder Salatschalen verteilen. Halloumi und Pfirsichviertel darauf anrichten, nach Belieben mit Minze bestreuen. Zu dem Linsensalat passt knuspriges Baguette.

Salat-Hit mit dem gewissen Etwas

BROTSALAT MIT GRÜNEN BOHNEN UND TOMATEN

Für 2 Personen
Zubereitungszeit: 20 Min.
Pro Portion ca. 435 kcal

1 rote Zwiebel
1 Knoblauchzehe
3 EL Weißweinessig
2 ½ EL Olivenöl
2 TL Dijonsenf
1 TL Zucker
Salz
Pfeffer
200 g TK-Brechbohnen
200 g Kirschtomaten
1 Ciabattabrötchen
40 g schwarze Oliven
   (entsteint)
80 g Blattsalatmix
50 g gehobelter Parmesan

1. Zwiebel und Knoblauch schälen und fein würfeln. Beides in einer Schüssel mit Essig, Olivenöl, Senf und Zucker verrühren. Mit Salz und Pfeffer würzen.

2. In einem Topf 125 ml Salzwasser zum Kochen bringen und die Bohnen darin 5 Min. zugedeckt köcheln. Die Tomaten waschen und halbieren. Das Brötchen halbieren und knusprig toasten.

3. Die Bohnen in ein Sieb abgießen, kalt abschrecken und in der Salatschleuder trocken schleudern. Bohnen und Oliven in das Dressing geben. Blattsalat, Tomaten und Parmesan untermischen. Die Brötchenhälften quer in dünne Scheiben schneiden und untermischen. Den Brotsalat auf Teller verteilen und servieren.

KARTOFFEL-ERBSEN-STAMPF MIT KÖTT-BULLAR

Für 2 Personen
Zubereitungszeit: 25 Min.
Pro Portion ca. 770 kcal

1 Zwiebel
250 g grobe Bratwürste
400 g vorwiegend fest-
    kochende Kartoffeln
150 ml Gemüsebrühe
100 g Sahne
2 TL Dijonsenf
3 EL Preiselbeeren
    (aus dem Glas)
1 EL Speisestärke
Salz
Pfeffer
1 EL Öl
150 g TK-Erbsen
1 EL Knoblauchbutter
1 EL Zitronensaft

1. Die Zwiebel schälen und würfeln. Das Brät aus den Würsten drücken und zu kleinen Bällchen formen. Die Kartoffeln schälen und in Scheiben schneiden. Für die Sauce Brühe, 50 g Sahne, Senf, 1 EL Preiselbeeren und Speisestärke verrühren. Mit Salz und Pfeffer würzen.

2. Die Kartoffeln in einem Topf mit leicht gesalzenem Wasser bedeckt zum Kochen bringen und zugedeckt bei nicht zu starker Hitze 10 Min. leise kochen. Inzwischen das Öl in einer Pfanne erhitzen, Zwiebel und Fleischbäll-chen darin 6–8 Min. anbraten, bis beides gut gebräunt ist.

3. Die Erbsen zu den Kartoffeln geben und beides zu-gedeckt bei nicht zu starker Hitze weitere 5 Min. köcheln lassen. Die Sauce zu den Fleischbällchen gießen und sä-mig einkochen lassen. Mit Salz und Pfeffer abschmecken.

4. Die Kartoffeln und Erbsen abgießen und etwas aus-dampfen lassen. Knoblauchbutter, restliche Sahne und Zitronensaft dazugeben und alles mit dem Kartoffel-stampfer grob zerdrücken. Mit Salz und Pfeffer würzen.

5. Kartoffel-Erbsen-Stampf auf eine Hälfte der Teller häufen, die Köttbullar mit Sauce sowie die restlichen Preiselbeeren daneben anrichten.

KICHER-ERBSEN-CURRY MIT ERDNUSS-MUS

Für 2 Personen
Zubereitungszeit: 25 Min.
Pro Portion ca. 310 kcal

1 rote Zwiebel

1 Knoblauchzehe

1 rote Paprikaschote

1½ EL Öl

2 TL gelbe Thai-Currypaste

2 TL Zucker

200 g Kichererbsen
(aus Glas oder Dose)

1½ EL Erdnussmus (fein)

2 EL Limettensaft

Salz

Pfeffer

225 g TK-Hokkaidokürbis
(gewürfelt)

1 Bund Koriandergrün
(nach Belieben)

1. Zwiebel und Knoblauch schälen und würfeln. Paprika-schote waschen, halbieren, weiße Trennwände und Kerne entfernen. Die Hälften in Würfel schneiden.

2. Das Öl in einem Topf erhitzen, Paprika und Zwiebel darin 3 Min. anbraten. Knoblauch, Currypaste und Zu-cker kurz mitbraten, bis der Zucker leicht karamellisiert.

3. Die Kichererbsen in ein Sieb abgießen. Kichererbsen und 125 ml Wasser zur Paprikamischung geben, alles zum Kochen bringen und zugedeckt 5 Min. köcheln.

4. Erdnussmus und Limettensaft unter das Curry rüh-ren, mit Salz und Pfeffer würzen. Den Kürbis unterheben und das Curry weitere 2 Min. kochen.

5. Das Curry mit Salz und Pfeffer abschmecken. Nach Belieben Koriandergrün waschen und trocken schütteln. Die Blätter abzupfen und grob hacken. Nach Belieben die Hälfte des Korianders unterheben. Dazu passt Reis, bei-spielsweise Basmati-Express-Reis für die Mikrowelle. Den restlichen Koriander nach Belieben darüberstreuen.

LINSEN-DAL MIT BROKKOLI UND ERD-NÜSSEN

Für 2 Personen
Zubereitungszeit: 30 Min.
Pro Portion ca. 520 kcal

1 Zwiebel
1 Knoblauchzehe
1 walnussgroßes Stück
  Ingwer
2 EL Öl
1 TL Currypulver
150 g rote Linsen
250 ml Gemüsebrühe
200 g Kokosmilch
300 g TK-Brokkoli
  (leicht angetaut)
1 Stängel Petersilie
2 EL Zitronensaft
1 TL brauner Zucker
Salz
Pfeffer
4 EL Joghurt
2 EL geröstete Erdnusskerne

1. Zwiebel, Knoblauch und Ingwer schälen und in kleine Würfel schneiden. Das Öl in einem Topf erhitzen, Zwiebel, Knoblauch und Ingwer darin andünsten. Currypulver und Linsen untermischen und kurz mitdünsten. Brühe und 150 g Kokosmilch dazugeben, zum Kochen bringen und alles zugedeckt bei schwacher Hitze 8 Min. kochen.

2. Den Brokkoli in Scheiben schneiden. Auf die Linsen legen und zugedeckt weitere 8 Min. kochen, bis die Linsen zerfallen und der Brokkoli gar ist.

3. Inzwischen die Petersilie waschen und trocken schütteln, die Blätter abzupfen und fein hacken.

4. Zitronensaft, Zucker und restliche Kokosmilch unter das Dal rühren. Mit Salz und Pfeffer würzen. Linsen-Dal auf Suppenschalen verteilen, den Joghurt daraufgeben, mit Erdnüssen und Petersilie bestreuen und servieren.

Topping

2 EL Knoblauchbutter (aus dem Kühlregal) in einer Pfanne erhitzen und mit ½ EL Zitronensaft mischen. Erdnüsse und Petersilie darin schwenken und das Topping über das Dal träufeln.

CHICKPEA VINDALOO

Für 2 Personen
Zubereitungszeit: 30 Min.
Pro Portion ca. 455 kcal

250 g Kichererbsen
   (aus Glas oder Dose)
1 Zwiebel
20 g Ingwer
2 Knoblauchzehen
2 EL Öl
1 TL Chiliflocken
250 g TK-Sommergemüse
3 TL Vindaloo-Currypaste
1 EL Zucker
400 g stückige Tomaten
   (aus der Dose)
200 g Kokosmilch
Salz
2 EL Butter
2 EL Weißweinessig
½ EL Zitronensaft

1. Die Kichererbsen in ein Sieb abgießen, kalt abspülen und abtropfen lassen. Zwiebel, Ingwer und 1 Knoblauchzehe schälen und in kleine Würfel schneiden.

2. Das Öl in einem Topf erhitzen, die Zwiebel darin anbraten. Ingwer, Knoblauch und Chiliflocken 2–3 Min. mitbraten. Kichererbsen, TK-Gemüse, Currypaste und Zucker dazugeben und durchschwenken. Tomaten und Kokosmilch hinzufügen, mit etwas Salz würzen, aufkochen und zugedeckt 8 Min. kochen. Danach offen weitere 10 Min. köcheln lassen.

3. Die Butter in einem Topf schmelzen. Den übrigen Knoblauch schälen, zur Butter pressen, unterrühren und mit Salz würzen.

4. 1 EL Essig unter das Curry rühren. Mit Salz, Essig und Zitronensaft abschmecken. Das Curry auf zwei Teller verteilen und mit der Knoblauchbutter beträufeln. Dazu serviert man Basmatireis oder auch aufgebackene Chapati (indische Fladenbrote).

Easy Ofenhit

FALAFEL-TALER MIT BLUMEN-KOHL UND HUMMUS

Für 2 Personen
Zubereitungszeit: 35 Min.
Pro Portion ca. 750 kcal

1 Zwiebel
1 Knoblauchzehe
30 g TK-Petersilie
4 EL Zitronensaft
170 g Falafelmischung
600 g TK-Blumenkohl
6 EL Olivenöl
200 g Hummus (z. B. Rote-
    Bete-Hummus; Kühlregal)
100 g Salatgurke
100 g Babyspinat
    (küchenfertig)
1 TL Honig
Salz
Pfeffer
2 Stängel Minze

1. Den Backofen auf 220° vorheizen. Zwiebel und Knoblauch schälen, grob zerteilen und im Blitzhacker mit Petersilie und 2 EL Zitronensaft zerkleinern. Den Mix in einer Schüssel mit der Falafelmischung und 100 ml heißem Wasser verrühren, 20 Min. quellen lassen.

2. Den Blumenkohl mit 2 EL Öl mischen, auf einem mit Backpapier belegten Blech verteilen und im Ofen (Mitte) in 25–30 Min. hellbraun backen, dabei einmal wenden.

3. Aus der Falafelmasse 6–8 Taler formen. 3 EL Olivenöl in einer großen Pfanne erhitzen und die Taler darin bei nicht zu starker Hitze in 6–8 Min. auf beiden Seiten goldbraun braten. Dann auf Küchenpapier entfetten.

4. Den Hummus in zwei tiefe Teller streichen. Gurke waschen, längs halbieren und in Scheiben schneiden. Gurkenscheiben und Spinat in einer Schüssel mit übrigem Zitronensaft und Olivenöl, Honig, Salz und Pfeffer mischen und auf den Hummus häufen.

5. Die Minze waschen, trocken schütteln und die Blätter abzupfen. Blumenkohl aus dem Ofen nehmen, mit Salz und Pfeffer würzen. Blumenkohl und Falafel auf dem Gurken-Spinat anrichten und mit der Minze garnieren.

Variante

Auch als Pita ein Knaller: 2 knusprige Fladen-
brotecken aufschneiden und mit je 2 EL Feta-
creme (Kühlregal oder Antipastistand) bestreichen. Die übrigen Zutaten daraufschichten.

Tortilla-Party mit jeder Menge Käse

BOHNEN-QUESA-DILLAS

Für 2 Personen
Zubereitungszeit: 25 Min.
Pro Portion ca. 575 kcal

1 kleine Dose Kidneybohnen
  (140 g Abtropfgewicht)
1 rote Paprika
2 Frühlingszwiebeln
1 Knoblauchzehe
1 EL Olivenöl
½ TL getrockneter Oregano
½ TL gemahlener Kreuz-
  kümmel
1 TL Honig
1 EL Limettensaft
Salz
Pfeffer
Cayennepfeffer
2 große Weizentortillas
  (ca. 30 cm Ø)
100 g geriebener Gratinkäse
50 g Frischkäse

1. Die Bohnen in ein Sieb abgießen, kalt abspülen und abtropfen lassen. Die Paprika waschen, halbieren, weiße Trennwände und Kerne entfernen. Die Hälften klein würfeln. Die Frühlingszwiebeln putzen, waschen und in feine Ringe schneiden. Den Knoblauch schälen und ebenfalls in feine Würfel schneiden.

2. In einer Pfanne das Olivenöl erhitzen und die Paprika darin anbraten. Bohnen mit Knoblauch dazugeben und 4–5 Min. mitbraten. Oregano, Kreuzkümmel und Honig dazugeben, alles kurz durchschwenken. Mit Limettensaft, Salz, Pfeffer und Cayennepfeffer würzen. Die Frühlingszwiebeln untermischen, die Füllung in eine Schüssel geben und die Pfanne säubern.

3. Eine Tortilla mit der Hälfte des Käses bestreuen und die Füllung darauf verteilen, den restlichen Käse darüberstreuen. Die zweite Tortilla mit Frischkäse bestreichen und mit der bestrichenen Seite nach unten fest auf die andere Tortilla drücken.

4. Die Quesadilla in der Pfanne bei mittlerer Hitze auf jeder Seite backen, bis sie heiß und knusprig ist und der Käse geschmolzen ist. Herausnehmen, in breite Kuchenstücke schneiden und servieren. Dazu passen Guacamole und ein bunter Salat.

BLITZ- SCHNELLE SUPPEN- KÜCHE

Keine Chance für den schnellen Hunger: Ob leichte Suppe oder herzhafter Eintopf – bei diesen Rezepten gibt es immer einen guten Grund zum Löffeln.

TOMATEN-CREME-SUPPE MIT KICHER-ERBSEN

Für 2 Personen
Zubereitungszeit: 15 Min.
Pro Portion ca. 430 kcal

400 ml Tomatensauce
  (Fertigprodukt,
  z. B. Siciliana)
400 ml Gemüsebrühe
330 g Kichererbsen
  (aus Glas oder Dose)
2 TL Honig
1 Knoblauchzehe
100 g kurze Nudeln
  (z. B. Maccheroni)
50 g kleine schwarze Oliven
  (entsteint)
1 Stängel Petersilie
2 EL Frischkäse
Salz
Pfeffer

1. Tomatensauce, Brühe und Kichererbsen samt Flüssigkeit in einen Topf geben und den Honig unterrühren. Den Knoblauch schälen, dazupressen und alles zum Kochen bringen.

2. Nudeln und Oliven dazugeben und zugedeckt bei nicht zu starker Hitze köcheln, bis die Nudeln gar sind.

3. Die Petersilie waschen und trocken tupfen. Die Blätter abzupfen und fein hacken. Den Frischkäse unter die Suppe rühren. Die Suppe mit Salz und Pfeffer abschmecken und auf tiefe Teller oder Suppenschalen verteilen. Mit der Petersilie bestreut servieren.

LINSEN-SUPPE MIT SPINAT UND CRAN-BERRYS

Für 2 Personen
Zubereitungszeit: 15 Min.
Pro Portion ca. 340 kcal

360 g braune Linsen
  (aus Glas oder Dose)
400 ml Gemüsebrühe
200 g Kokosmilch
50 g getrocknete Cranberrys
1½ TL Currypulver
1 TL Rohrohrzucker
250 g TK-Blattspinat
1 EL geröstete Erdnusskerne
1½ EL Zitronensaft
Salz
weißer Pfeffer
4 EL griech. Joghurt
  (10 % Fett)

1. Die Linsen samt Flüssigkeit, Brühe, Kokosmilch, Cranberrys, Currypulver und Zucker in einem Topf zum Kochen bringen.

2. Den Spinat hinzufügen, erneut zum Kochen bringen und in 6–8 Min. zugedeckt gar köcheln lassen.

3. Die Erdnüsse grob hacken. Den Zitronensaft unter die Suppe rühren, mit Salz und Pfeffer abschmecken. Die Suppe auf tiefe Teller oder Suppenschalen verteilen. Den Joghurt daraufklecksen und die Suppe mit den Erdnüssen bestreut servieren.

Tipp

Heißer Tipp für alle, die Probleme mit der Verdauung von Hülsenfrüchten haben: Einfach 1 Msp. Kümmel oder Fenchelsamen mitkochen. So werden die kleinen Powerkugeln gleich viel bekömmlicher.

Lässt dich von Thailand träumen

BLUMEN-KOHL-CURRY-SUPPE MIT GARNELEN

Für 2 Personen
Zubereitungszeit: 20 Min.
Pro Portion ca. 315 kcal

1 rote Zwiebel
250 g TK-Blumenkohl
1 EL Öl
1 EL gelbe Thai-Currypaste
2 TL Zucker
400 ml Hühnerbrühe
150 g Kokosmilch
100 g TK-Sommergemüse
150 g TK-Garnelen
   (roh und geschält)
Koriandergrün
   (nach Belieben)
1 EL Zitronensaft
Salz
Pfeffer

1. Die Zwiebel schälen und in Würfel schneiden. Große Blumenkohlröschen mit einem scharfen Messer halbieren. Das Öl in einem Topf erhitzen, die Zwiebel darin leicht braun anbraten. Die Currypaste kurz mitbraten. Den Zucker hinzufügen und etwas karamellisieren.

2. Brühe und Kokosmilch dazugießen, das Gemüse hinzufügen und alles zum Kochen bringen. Die Suppe zugedeckt ca. 6 Min. köcheln lassen.

3. Die Garnelen kalt abspülen und abtropfen lassen. In die Suppe geben und in ca. 4 Min. gar köcheln lassen. Nach Belieben etwas Koriandergrün waschen und trocken schütteln, die Blätter abzupfen und grob hacken. Den Zitronensaft unter die Suppe rühren und mit Salz und Pfeffer abschmecken. Die Suppe auf Suppenschalen verteilen und nach Belieben mit Koriandergrün bestreuen.

KOHLRABI-LAUCH-SUPPE MIT LACHS

Für 2 Personen
Zubereitungszeit: 20 Min.
Pro Portion ca. 395 kcal

125 g TK-Lachsfilet
400 ml Gemüsebrühe
250 g TK-Rahmporree
250 g TK-Rahmkohlrabi
100 g Pilze (Buchenpilze oder
  Champignons)
1 EL Frischkäse
1 EL Zitronensaft
1 EL Aceto balsamico bianco
½ TL getrockneter Dill
Salz
Pfeffer
Zucker
4 TL Kürbiskernöl

1. Den Lachs bei Zimmertemperatur etwas antauen lassen. In einem Topf die Brühe mit Porree und Kohlrabi aufkochen und zugedeckt 6 Min. köcheln lassen.

2. Inzwischen die Pilze putzen, Buchenpilze abschneiden, von Champignons die Stiele entfernen und die Hüte in Scheiben schneiden. Den Lachs in Würfel schneiden.

3. Frischkäse, Zitronensaft, Essig und Dill unter die Suppe rühren, mit Salz und Pfeffer würzen. Den Lachs und die Pilze hineingeben und bei schwacher Hitze zugedeckt 5 Min. gar ziehen lassen.

4. Die Suppe mit Salz, Pfeffer und 1 Prise Zucker abschmecken und auf tiefe Teller oder Suppenschalen verteilen. Die Suppe mit Kürbiskernöl beträufelt servieren.

Tokio-Feeling
zum
genussvollen
Löffeln

RAMEN-SUPPE MIT EDAMAME

Für 2 Personen
Zubereitungszeit: 25 Min.
Pro Portion ca. 640 kcal

1 Scheibe Ingwer (½ cm dick)
1 Knoblauchzehe
1 Schalotte
1 l Gemüsebrühe
2 EL helle Misopaste
2 EL helle Sojasauce
2 TL Zucker
150 g Ramen-Nudeln
2 Eier (M)
½ EL geröstetes Sesamöl
½ EL Zitronensaft
Salz
Pfeffer
150 g Shiitakepilze
150 g TK-Edamame
1 EL Röstzwiebeln
1 TL gerösteter Sesam

1. Ingwer, Knoblauch und Schalotte schälen und mit dem Blitzhacker grob hacken. Brühe, Misopaste, Sojasauce und Zucker mit dem Ingwer-Knoblauch-Schalotten-Mix in einem Topf erhitzen und bei schwacher Hitze zugedeckt ziehen lassen.

2. Inzwischen die Nudeln in kochendem Salzwasser nach Packungsanweisung bissfest garen. Dann in ein Sieb abgießen, kalt abschrecken und abtropfen lassen. Die Eier in 6–7 Min. wachsweich kochen. Herausheben und in kaltem Wasser abkühlen lassen.

3. Die Suppe durch ein Sieb gießen, wieder in den Topf geben und erneut erhitzen. Sesamöl und Zitronensaft unterrühren, mit Salz und Pfeffer abschmecken. Die Pilze putzen und die Stiele entfernen. Die Pilzhüte mit den Edamame in der Suppe bei schwacher Hitze 6 Min. garen, dabei in den letzten 2 Min. die Nudeln mit erhitzen.

4. Die Nudeln aus der Suppe heben und auf Suppenschalen verteilen. Mit den Shiitakepilzen und den Edamame ebenso verfahren. Den Suppenfond auf die Schalen verteilen. Die Eier pellen, halbieren und auf der Suppe anrichten. Die Ramen-Suppe mit Röstzwiebeln und Sesam bestreut servieren.

Neu interpretiert

GRÜNKOHL-EINTOPF MIT SÜSSKAR-TOFFELN

Für 2 Personen
Zubereitungszeit: 15 Min. + 20 Min. Kochen
Pro Portion ca. 590 kcal

1 Zwiebel
350 g Süßkartoffel
250 g Kassler (in Scheiben)
3 EL Öl
⅓ TL Kümmel
⅓ TL gemahlener Piment
1 TL Zucker
400 g TK-Grünkohl
400 ml Gemüsebrühe
1 Scheibe Graubrot
1 TL getrockneter Rosmarin
Salz
Pfeffer
1 EL Butter
1 EL mittelscharfer Senf
frisch geriebene Muskatnuss

1. Zwiebel und Süßkartoffel schälen und in Würfel schneiden. Das Kassler ebenfalls in Würfel schneiden. In einem Topf 1 EL Öl erhitzen und die Zwiebel darin andünsten. Süßkartoffel, Kümmel, Piment und Zucker kurz mitdünsten. Kassler, Grünkohl und die Brühe dazugeben, alles zum Kochen bringen und zugedeckt 30 Min. köcheln lassen.

2. Nach 20 Min. das Brot in Würfel schneiden. Das restliche Öl in einer Pfanne erhitzen und die Brotwürfel darin rundherum braun braten. Den Rosmarin kurz mitbraten. Mit Salz und Pfeffer würzen.

3. Butter und Senf unter den Eintopf rühren, mit Muskatnuss, Salz und Pfeffer würzen. Den Eintopf auf Schalen verteilen und mit den Croûtons bestreut servieren.

Variante

Der herbe Grünkohl und die liebliche Süßkartoffel ergänzen sich zwar perfekt, aber auch ganz klassisch mit Kartoffeln schmeckt dieser herzhafte Eintopf hervorragend.

Deftiger Westfale

LINSEN-KARTOFFEL-EINTOPF MIT METTWURST

Für 2 Personen
Zubereitungszeit: 15 Min. + 30 Min. Kochen
Pro Portion ca. 615 kcal

125 g Berglinsen
250 g festkochende Kartoffeln
150 g TK-Suppen- oder Sommergemüse
150 g geräucherte Mettwürstchen (Mettenden)
3 TL Gemüsebrühe (Instant)
2 Stängel krause Petersilie
1 TL Rohrohrzucker
2 EL Aceto balsamico
Salz
Pfeffer

1. Die Linsen in einem Topf mit Wasser übergießen, waschen und das Wasser wieder abgießen. Die Kartoffeln schälen, waschen und in Würfel schneiden. Kartoffeln, TK-Gemüse und 600 ml Wasser zu den Linsen geben und die Würstchen einlegen. Alles zum Kochen bringen und zugedeckt ca. 30 Min. köcheln lassen, bis die Kartoffeln und Linsen gar sind, dabei nach 20 Min. die Instant-Gemüsebrühe dazugeben.

2. Die Petersilie waschen und trocken schütteln, die Blätter abzupfen und fein hacken.

3. Die Würstchen aus der Suppe nehmen und in Scheiben schneiden. Zucker und Essig in die Suppe rühren. Mit Salz und Pfeffer abschmecken. Die Wurst mit der Hälfte der Petersilie in die Suppe geben.

4. Die Suppe auf tiefe Teller oder Suppenschalen verteilen und mit der übrigen Petersilie bestreut servieren.

Variante

Mehr Würze und zudem einen nordafrika-
nischen Touch bringen Merguez-Würstchen
anstelle von Mettwürsten. Merguez-Würstchen
in Scheiben schneiden, kurz anbraten und mit
den übrigen Zutaten garen.

One-Pot-Liebling mit türkischer Note

WIRSING-REISTOPF MIT HACK UND JOGHURT

Für 2 Personen
Zubereitungszeit: 35 Min.
Pro Portion ca. 595 kcal

1 Zwiebel
1 Knoblauchzehe
2 EL Öl
150 g Hackfleisch
   (z. B. vom Lamm)
1 EL Tomatenmark
2 TL Zucker
½ TL gemahlener Kreuz-
   kümmel
½ TL edelsüßes Paprikapulver
⅓ TL gemahlener Piment
100 g Langkornreis
500 ml Gemüsebrühe
250 g TK-Rahmwirsing
1 Handvoll Rucola
½ Bio-Zitrone
1 Beutel Pfefferminztee
1 EL Aceto balsamico
Salz
Pfeffer
4 EL Joghurt

1. Zwiebel und Knoblauch schälen und fein würfeln. Das Öl in einem Topf erhitzen, die Zwiebel und das Hackfleisch darin leicht braun braten. Knoblauch, Tomatenmark, Zucker und Gewürze etwas mitdünsten. Den Reis unterrühren. Die Brühe angießen, alles zum Kochen bringen und zugedeckt 12 Min. köcheln lassen, dabei hin und wieder umrühren.

2. Den Wirsing dazugeben, erneut aufkochen und alles unter gelegentlichem Rühren zugedeckt weitere 8–10 Min. köcheln, bis Reis und Wirsing gar sind.

3. Den Rucola waschen und trocken schleudern. Die Zitrone heiß waschen und trocken reiben, die Schale fein abreiben und den Saft auspressen. Den Teebeutel aufreißen und den Inhalt mit Zitronenschale, 1 EL Zitronensaft und Essig unter den Eintopf rühren. Mit Salz, Pfeffer und gegebenenfalls noch etwas Zitronensaft abschmecken.

4. Den Eintopf auf Suppenschalen verteilen und den Joghurt jeweils als Klecks daraufgeben. Etwas Pfeffer grob darübermahlen. Mit dem Rucola bestreut servieren. Dazu passt geröstetes Baguette.

ROTKOHL-ROTE-BETE-BORSCHTSCH MIT TOFU

Für 2 Personen
Zubereitungszeit: 25 Min.
Pro Portion ca. 530 kcal

1 Zwiebel

250 g festkochende Kartoffeln

400 ml Brühe (z. B. Gemüse- oder Rinderbrühe)

1 Glas Rote-Bete-Würfel (330 g Füllgewicht)

1 TL Wildgewürz (ersatzweise Lebkuchengewürz)

200 g Räuchertofu

250 g Apfelrotkohl (TK oder aus dem Glas)

2 Stängel Dill

100 g saure Sahne

Salz

Pfeffer

1. Zwiebel und Kartoffeln schälen und in Würfel schneiden. Beides in einem Topf mit der Brühe, Rote-Bete-Flüssigkeit und Wildgewürz zum Kochen bringen und zugedeckt bei nicht zu starker Hitze 10 Min. köcheln lassen.

2. Den Tofu in Würfel schneiden und mit Rotkohl und Rote-Bete-Würfeln zu den Kartoffeln geben. Zum Kochen bringen und zugedeckt weitere 5 Min. köcheln lassen.

3. Inzwischen den Dill waschen und trocken tupfen, die Spitzen abzupfen und grob hacken. Zwei Drittel Dill mit der sauren Sahne verrühren und mit Salz würzen.

4. Den Borschtsch mit Salz und Pfeffer abschmecken und auf tiefe Teller oder Suppenschalen verteilen. Die Dillsahne daraufklecksen und den restlichen Dill auf den Borschtsch streuen.

PIZZA, AUFLÄUFE & CO. GANZ EASY

Ofen an, Hunger aus! Mühelos und in Windeseile werden Pizza, Aufläufe & mehr zum unschlagbaren Superheldenteam gegen leeren Magen.

Heißer Pizza-Rivale

CAESAR PINSA MIT GETROCKNETEN TOMATEN

Für 2 Personen
Zubereitungszeit: 15 Min. + 15 Min. Backen
Pro Portion ca. 975 kcal

1 Pck. Pinsateig
  (400 g; Kühlregal)
125 g Schmand
Salz
Pfeffer
5 EL gehobelter Parmesan
40 g eingelegte Sardellen
60 g Salatmix (aus dem
  Kühlregal)
2 EL Zitronensaft
1 EL Olivenöl
80 g halb getrocknete
  Tomaten
3 EL Croûtons

1. Den Backofen auf 240° vorheizen. Den Pinsateig nach Packungsanweisung auf Backpapier zu einer Pinsa formen. Sofort mit dem Schmand bestreichen und mit Salz und Pfeffer würzen. 2 EL Parmesan darauf verteilen und mit den Sardellen belegen. Die Pinsa im Backofen (Mitte) 15 Min. backen.

2. Den Salat gegebenenfalls waschen und trocken schleudern. Mit Zitronensaft und Olivenöl mischen und mit Salz und Pfeffer würzen.

3. Die Pinsa aus dem Ofen nehmen und kurz ruhen lassen. Dann den Salatmix und die Tomaten darauf verteilen. Mit dem übrigen Parmesan und den Croûtons bestreuen und Pfeffer darüberschroten. Die Pinsa halbieren und auf Tellern servieren.

TÜRKISCHE PIZZA MIT KRAUT- SALAT

Für 2 Personen
Zubereitungszeit: 10 Min, + 20 Min. Backen
Pro Portion ca. 875 kcal

1 Pck. Pizzateig (400 g;
  Kühlregal)
180 g Tomatensauce
  (aus dem Glas)
½ TL gemahlener Kreuz-
  kümmel
½ TL gemahlener Koriander
½ TK edelsüßes Paprika-
  pulver
1 Knoblauchzehe
125 g Rinderhackfleisch
Salz
Pfeffer
1 kleiner Zucchino (ca. 100 g)
40 g schwarze Oliven
6 eingelegte Peperoni
125 g Zaziki (Kühlregal)
200 g Krautsalat (Kühlregal)
2 EL TK-Petersilie

1. Ein Blech in den Backofen (Mitte) schieben und den Ofen auf 250° vorheizen. Den Pizzateig ausrollen, halbieren und auf einen Streifen Backpapier legen.

2. Die Tomatensauce mit den Gewürzen verrühren. Den Knoblauch schälen und dazupressen. Das Hackfleisch untermischen, mit Salz und Pfeffer würzen. Den Zucchino waschen, putzen und in dünne Scheiben schneiden.

3. Die Hackfleischmischung auf die beiden Pizzen streichen. Zucchinischeiben, Oliven und Peperoni darauf verteilen. Die Pizzen nebeneinander auf das Backblech legen und im Ofen (Mitte) in 15–20 Min. knusprig backen.

4. Die Pizzen aus dem Ofen nehmen. Zaziki und abgetropften Krautsalat in kleinen Häufchen darauf anrichten. Mit der Petersilie bestreut servieren.

Tipp

Würz-Tipp für Faule: Statt verschiedener Gewürze einfach 1 ½ TL Dönergewürz verwenden. Auch Baharat ist bestens geeignet, sorgt aber für ordentlich Schärfe.

Noch fixer
als der
Pizza-Flitzer

TEX-MEX-FLADEN-BROT-PIZZA

Für 4 Personen
Zubereitungszeit: 10 Min. + 25 Min. Backen
Pro Portion ca. 420 kcal

1 Dose Kidneybohnen
  (240 g Abtropfgewicht)
1 kleine Dose Mais (140 g Abtropfgewicht)
½ rote Paprika
325 g Tomatensauce
  (aus dem Glas)
2 EL Limettensaft
1 TL Agavendicksaft
½ TL gemahlener Kreuz-
  kümmel
½ TL Cayennepfeffer
Salz
Pfeffer aus der Mühle
1 türk. Fladenbrot
2 Kugeln Mozzarella (à 125 g)
2 EL Jalapeño-Ringe
  (aus dem Glas)
1 Bund Koriandergrün
  (nach Belieben)
2 EL Olivenöl

1. Den Ofenrost in den Backofen (Mitte) schieben und den Ofen auf 200° vorheizen. Die Bohnen in ein Sieb abgießen, kalt abspülen und abtropfen lassen. Den Mais ebenfalls in einem Sieb abtropfen lassen. Die Paprika waschen, halbieren, weiße Trennwände und Kerne entfernen. Die Hälfte in feine Streifen schneiden.

2. Die Tomatensauce mit Limettensaft, Agavendicksaft und Gewürzen verrühren. Mit Salz und Pfeffer würzen. Das Fladenbrot waagerecht halbieren. Die Schnittflächen mit der Tomatensauce bestreichen. Den Mozzarella in Scheiben schneiden und gleichmäßig auf die Brote verteilen. Bohnen, Mais, Paprika und Jalapeño-Ringe ebenfalls gleichmäßig darauf verteilen.

3. Die Brot-Pizzen nacheinander auf dem mit Backpapier belegten Ofenrost jeweils 10–12 Min. überbacken.

4. Inzwischen nach Belieben Koriander waschen, trocken schütteln, die Blätter abzupfen und gegebenenfalls hacken. Die fertigen Pizzas mit Olivenöl beträufeln und etwas Pfeffer grob darübermahlen. Die Brot-Pizzas nach Belieben mit Koriander bestreuen, in Stücke schneiden und servieren. Dazu passen Guacamole und Tortillachips.

Amour fou

ZUCCHINI-FETA-GALETTE MIT OLIVEN

Für 4 Personen
Zubereitungszeit: 15 Min. + 30 Min. Backen
Pro Portion ca. 525 kcal

300 g Zucchini
1 Knoblauchzehe
50 g kleine schwarze Oliven
 (entsteint)
1 EL Weißweinessig
1 EL Olivenöl
Salz
Pfeffer
100 g Schafskäse (Feta)
100 g Schmand
1 TL Honig
2 EL TK-Kräuter
 (Dill oder ital. Kräuter)
1 Ei (M)
1 Pck. Quicheteig
 (300 g; Kühlregal)
1 TL Sesam

1. Den Backofen auf 200° vorheizen. Die Zucchini putzen, waschen und in dünne Scheiben hobeln. Den Knoblauch schälen und dazupressen. Oliven, Essig und Olivenöl hinzufügen, mit Salz und Pfeffer würzen.

2. Den Feta zerbröckeln und mit Schmand, Honig und Kräutern mischen. Mit Salz und Pfeffer würzen. Das Ei verquirlen und die Hälfte unter die Käsemasse rühren.

3. Den Quicheteig auf einen Streifen Backpapier legen. Die Fetamasse auf dem Teig verteilen, dabei einen 2–3 cm breiten Rand frei lassen. Die Zucchini-Oliven-Mischung auf der Fetamasse verteilen und etwas andrücken. Den freien Teigrand nach innen klappen, mit dem restlichen Ei bestreichen und mit Sesam bestreuen.

4. Die Galette im Ofen (Mitte) 25–30 Min. backen, bis der Teigrand schön gebräunt ist. Herausnehmen und kurz ruhen lassen. Dann in Stücke schneiden und servieren. Dazu passt Tomatensalat oder ein grüner Salat.

Variante

Zucchini und Dill sind eine klassische mediter-
rane Kombination und ergänzen sich perfekt.
Für Dillskeptiker empfehlen sich dagegen italie-
nische Kräuter oder Petersilie.

Ein kleines Stück vom Frühlings-Glück

SPARGEL-TARTES MIT BÄRLAUCH-PESTO

Für 2 Personen
Zubereitungszeit: 20 Min. + 25 Min. Backen
Pro Portion ca. 570 kcal

6 Stangen weißer TK-Spargel
1 ½ EL Zitronensaft
½ TL Zucker
Salz
½ Pck. Blätterteig
    (ca. 140 g; Kühlregal)
1 Ei (M)
2 EL Schmand
1 EL geriebener Parmesan
Pfeffer
2 EL Bärlauchpesto
1 EL Öl
1 kleine Burrata (ca. 100 g)
½ Kästchen Kresse

1. Den Spargel in einem Topf mit Dämpfeinsatz über kochendem Wasser 5 Min. dämpfen. Abgießen, kalt abschrecken und abtropfen lassen. 1 EL Zitronensaft mit Zucker und Salz verrühren, auf den Spargel streichen.

2. Den Backofen auf 220° vorheizen. Den Teig entrollen, halbieren, jeweils etwas größer ausrollen und die beiden Teige auf ein mit Backpapier belegtes Backblech legen.

3. Das Ei verquirlen und die Teigränder damit bestreichen. Die Ränder rundherum ca. 1 cm nach innen klappen. Den Teig mit einer Gabel gut andrücken und gleichzeitig ein Muster in den Rand drücken. Die Teigmitte mehrmals mit einer Gabel einstechen.

4. Schmand und Parmesan mit dem übrigen verquirlten Ei verrühren. Mit Salz und Pfeffer würzen und gleichmäßig auf dem Teig verteilen, dabei die Ränder frei lassen. Je 3 Stangen Spargel längs auf die Tartes legen, dabei den Guss mithilfe der äußeren Spargelstangen etwas nach innen drücken. Die Tartes im Ofen (Mitte) in ca. 25 Min. goldbraun backen.

5. Pesto, übrigen Zitronensaft, Öl, Salz und Pfeffer verrühren. Die Tartes auf Teller legen und die zerpflückte Burrata darauf verteilen. Den Pesto-Mix darüberträufeln und etwas Pfeffer grob darüber mahlen. Die Kresse abschneiden und darüberstreuen. Dazu passt grüner Salat.

BLÄTTERTEIGSTRUDEL MIT SAUERKRAUT

Für 4 Personen
Zubereitungszeit: 15 Min. + 30 Min. Backen
Pro Portion ca. 605 kcal

400 g gegartes Sauerkraut
  (aus Glas oder Dose)
2 Wacholderbeeren
100 g Speck (in Scheiben)
2 TL Honig
150 g geriebener Gratinkäse
1 Pck. Blätterteig (275 g)
1 Ei (M)
2 TL Sesam
1 TL Kümmel

1. Das Sauerkraut in einem Sieb abtropfen lassen. Die Wacholderbeeren zerdrücken. Den Speck quer in Streifen schneiden und in einer heißen Pfanne knusprig braten, dabei die Wacholderbeeren dazugeben. Den Honig hinzufügen und kurz karamellisieren.

2. Den Backofen auf 200° vorheizen. Das Sauerkraut mit Käse, Speck und Wacholderbeeren mischen.

3. Den Blätterteig auf ein mit Backpapier belegtes Blech legen. Das Ei verquirlen und den Blätterteig damit dünn bestreichen, den Rest beiseitestellen. Den Sauerkraut-Mix auf dem Teig verteilen, dabei einen 2 cm breiten Rand frei lassen. Den Teig von einer kurzen Seite her eng aufrollen. Mit einer Gabel die Enden des Strudels zusammendrücken, damit die Füllung nicht auslaufen kann.

4. Den Strudel mit dem übrigen Ei bestreichen und mit Sesam und Kümmel bestreuen. Im Backofen (Mitte) in 25–30 Min. goldbraun und knusprig backen.

5. Das Blech aus dem Ofen nehmen und den Strudel kurz ruhen lassen. Dann in dicke Scheiben schneiden und servieren. Dazu passt ein grüner Salat, z. B. Feldsalat.

Tipp

Mit Blätterteig aus dem Kühlregal gelingt auch ein vermeintlich aufwendiges Gericht wie Strudel ganz easy. Ideal, um bei anspruchsvollen Gästen etwas Eindruck zu schinden.

Eröffnet ganz neue Rotkohl-Perspektiven

ROTKOHL- TARTE MIT ZIEGEN- KÄSE UND NÜSSEN

Für 6 Personen
Zubereitungszeit: 10 Min. + 50 Min. Backen
Pro Portion ca. 435 kcal

750 g TK-Apfelrotkohl
  (aufgetaut)
1 EL Rotweinessig
1 TL Wildgewürz (ersatzweise
  Lebkuchengewürz)
Salz
Pfeffer
4 Eier (M)
1 Pck. Quiche- oder Tarteteig
  (rund; ca. 300 g; Kühlregal)
40 g Walnusskerne
125 g große Ziegenkäserolle
  (mit Edelschimmel)
1 kleines Bund Dill
Tarteform (ca. 30 cm Ø)

1. Den Backofen auf 200° vorheizen. Den Rotkohl in einem Sieb abtropfen lassen. Dann in einer Schüssel mit Essig und Wildgewürz mischen, mit Salz und Pfeffer abschmecken. Die Eier unterrühren.

2. Den Teig entrollen und auf dem Papier in eine Tarteform legen. Den Rand etwas nachformen. Die Rotkohlmasse gleichmäßig auf dem Teig verteilen. Die Tarte im Backofen (Mitte) 40 Min. backen.

3. Die Walnüsse zerbröckeln und den Ziegenkäse grob hacken. Die Tarte nach 15 Min. Backzeit mit den Walnüssen und dem Käse bestreuen und fertig backen.

4. Die Tarte aus dem Ofen nehmen und 5–10 Min. abkühlen lassen. Den Dill waschen und trocken schütteln, die Spitzen abzupfen und grob hacken. Die Tarte in Stücke schneiden und mit dem Dill bestreut servieren.

KOHLRABI- GRATIN MIT SCHINKEN UND NÜSSEN

Für 2 Personen
Zubereitungszeit: 10 Min. + 50 Min. Backen
Pro Portion ca. 485 kcal

300 g festkochende Kartoffeln

100 g Kochschinken (am Stück)

250 g TK-Rahmkohlrabi

60 g Sahne

60 g Reibekäse

100 ml Gemüsebrühe

2 TL mittelscharfer Senf

1 Knoblauchzehe

Salz

Pfeffer

1 EL Haselnusskerne

1 EL TK-Schnittlauchröllchen

Auflaufform (ca. 20 × 30 cm)

1. Den Backofen auf 200° vorheizen. Die Kartoffeln schälen und in dünne Scheiben schneiden. Den Schinken würfeln. Beides mit Kohlrabi in der Auflaufform mischen und gleichmäßig verteilen.

2. Für den Guss Sahne, Käse, Brühe und Senf verrühren. Den Knoblauch schälen und dazupressen. Mit Salz und Pfeffer würzen und über die Kartoffel-Kohlrabi-Schinken-Mischung gießen. Im Backofen (Mitte) 50 Min. backen.

3. Die Haselnüsse grob hacken. Den Auflauf aus dem Ofen nehmen und 3 Min. abkühlen lassen. Dann mit den Nüssen und dem Schnittlauch bestreuen und servieren.

HIRSE-AUFLAUF MIT AUBER-GINEN UND PISTAZIEN

Für 2 Personen
Zubereitungszeit: 15 Min. + 30 Min. Backen
Pro Portion ca. 770 kcal

250 g Aubergine
2 EL Öl
Salz
Pfeffer
150 g Kirschtomaten
40 g Knoblauchbutter
200 g Hirse (feinkörnig)
400 ml Gemüse- oder
   Hühnerbrühe
60 g geriebener Gratinkäse
½ TL Ras el Hanout
½ TL Zucker
2 EL geröstete Pistazienkerne
gehackte Kräuter (z. B. Petersilie, Basilikum oder Minze; nach Belieben)
2 ofenfeste Portionsformen
   (ca. 10 × 15 cm)

1. Den Backofen auf 200° vorheizen. Die Aubergine putzen, waschen und in dünne Scheiben schneiden. Etwas Öl in einer Pfanne erhitzen und die Auberginen darin portionsweise auf beiden Seiten leicht braun braten. Salzen, pfeffern und auf einem Teller übereinanderlegen, damit sie noch etwas nachgaren. Kirschtomaten waschen.

2. Die Formen mit Knoblauchbutter einfetten. Jeweils die Hälfte der Hirse, Auberginen und Tomaten in die Formen geben und etwas durchmischen. Die restliche Knoblauchbutter in dünne Scheiben schneiden. Auf jeden Auflauf die Hälfte der Brühe gießen. Jeweils mit der Hälfte des Käses bestreuen und die Knoblauchbutter darauf verteilen. Mit Ras el Hanout, Pfeffer und wenig Salz würzen, mit dem Zucker bestreuen. Die Aufläufe im Ofen (Mitte) 30 Min. backen.

3. Die Aufläufe aus dem Ofen nehmen und ein paar Minuten abkühlen lassen. Die Pistazien grob hacken und nach Belieben mit Kräutern auf die Aufläufe streuen.

Tipp

Leckere Ergänzung für Saucenfans: Arrabbiata-Sauce (350 ml, aus dem Glas) erhitzen, mit etwas Kreuzkümmel, Koriander und Zitronensaft würzen und zum Auflauf servieren.

Fixes Update
für die
Winzerküche

WIRSING-QUINOA-AUFLAUF MIT WEIN-TRAUBEN

Für 2 Personen
Zubereitungszeit: 10 Min. + 1 Std. Backen
Pro Portion ca. 555 kcal

20 g Butter
100 g bunte Quinoa
250 g TK-Rahmwirsing
250 ml Gemüsebrühe
50 ml trockener Weißwein
1 Msp. gemahlener Piment
1 Msp. gemahlener Kümmel
1 Knoblauchzehe
70 g Cheddar (am Stück)
100 g kernlose Trauben (grün,
    rot oder blau)
1 Frühlingszwiebel
1 EL Röstzwiebeln
Pfeffer
2 ofenfeste Portionsformen
    (ca. 10 × 15 cm)

1. Den Backofen auf 200° vorheizen. Die Formen mit Butter einfetten. Quinoa und Wirsing gleichmäßig auf die beiden Formen verteilen und etwas durchmischen. Die Brühe erhitzen, den Wein und die Gewürze dazugeben. Den Knoblauch schälen und dazupressen. Die Mischung je zur Hälfte in die beiden Formen gießen. Die Aufläufe im Ofen (Mitte) 30 Min. backen.

2. Den Käse fein reiben. Die Trauben von den Stielen zupfen, waschen und trocken tupfen. Die Aufläufe mit dem Käse und den Trauben bestreuen und in weiteren 30 Min. fertig backen.

3. Die Frühlingszwiebel putzen, waschen und in Ringe schneiden. Die fertigen Aufläufe mit Frühlingszwiebeln und Röstzwiebeln bestreuen. Etwas Pfeffer grob darübermahlen und noch einige Minuten vor dem Servieren warten, weil der Auflauf nach dem Backen sehr heiß ist.

PHÄNO-MENALER PFANNEN-ZAUBER

Nichts geht schneller, als etwas Leckeres zusammen-zubrutzeln. Das macht die Pfanne zum absoluten Must-have für die schnelle Gemüseküche.

ZUCCHINI-QUARK-TALER MIT TOMATEN

Für 4 Personen
Zubereitungszeit: 30 Min.
Pro Portion ca. 415 kcal

250 g Zucchini
Salz
500 g Kirschtomaten
6 EL Aceto balsamico
2 EL Olivenöl
2 TL Honig
3 TL getrockneter Dill
Pfeffer
60 g Rucola
500 g Magerquark
100 g Weichweizengrieß
1 Pck. TK-6- oder 8-Kräuter-
  Mischung (ca. 55 g)
5 EL süßer Senf
2 Knoblauchzehen
2 Eier (M)
Öl zum Ausbacken

1. Zucchini putzen, waschen und fein raspeln, mit etwas Salz mischen und 10 Min. ruhen lassen. Die Tomaten waschen, halbieren und mit Essig, Olivenöl, Honig und 2 TL Dill verrühren. Mit Salz und Pfeffer würzen. Rucola verlesen, waschen und trocken schleudern.

2. Für die Taler Quark, Grieß, TK-Kräuter, 1 EL Senf und restlichen Dill in einer Schüssel mischen. Knoblauch schälen und dazupressen. Die Eier dazugeben. Die Zucchiniraspel kräftig ausdrücken und ebenfalls dazugeben. Alles gut mischen, mit Salz und Pfeffer würzen.

3. Aus der Quarkmasse 16 Taler in mehreren Portionen braten: Dafür in einer Pfanne ½ cm hoch Öl erhitzen. Jeweils 1 stark gehäuften EL Quarkmasse nebeneinander in die Pfanne setzen und etwas flach drücken. Die Taler bei mittlerer Hitze auf beiden Seiten goldbraun braten. Herausheben und auf Küchenpapier abtropfen lassen. Etwas Öl nachgießen und die übrigen Taler auf die gleiche Art und Weise braten.

4. Rucola jeweils auf einer Tellerhälfte verteilen, die Tomaten daraufgeben und die Taler daneben anrichten. Den übrigen Senf dazuklecksen und sofort servieren.

Korean Favourite
GEMÜSE-PANCAKES MIT SOJA-SESAM-DIP

Für 2 Personen
Zubereitungszeit: 30 Min.
Pro Portion ca. 465 kcal

3 Champignons
2 Frühlingszwiebeln
100 g Mehl
1 TL helle Misopaste
gemahlene Kurkuma
Salz
240 g TK-Wokgemüse
  (in Streifen)
4 EL Öl
2 TL gerösteter Sesam
3 EL Sojasauce
2 EL Weißweinessig
2 TL Honig
½ TL Chiliflocken (z. B. Pul
  Biber oder Gochugaru)

1. Die Pilze putzen und in dünne Scheiben schneiden. Die Frühlingszwiebeln putzen, waschen und längs in Streifen schneiden. Die Streifen in ca. 5 cm Stücke schneiden. Mehl, Misopaste, 2 Prisen Kurkuma und ⅓ TL Salz mit 170 ml eiskaltem Wasser glatt verrühren. Das Wokgemüse und die Frühlingszwiebeln untermischen.

2. In einer kleinen beschichteten Pfanne 1 EL Öl erhitzen, die Hälfte der Teigmasse darin verteilen und glatt streichen. Die Hälfte der Pilze darauf verteilen und mit ½ TL Sesam bestreuen. Den Pancake bei mittlerer Hitze 6–7 Min. braten, bis die Unterseite schön gebräunt ist.

3. Inzwischen Sojasauce, Essig, Honig, Chiliflocken und 1 TL Sesam verrühren. Den Dip in Schälchen geben.

4. Den Pancake auf einen Teller stürzen, 1 EL Öl in die Pfanne geben und den Pfannkuchen wieder hineingleiten lassen. 5 Min. braten, bis die Unterseite gebräunt ist. Erneut auf den Teller stürzen und auf eine Servierplatte gleiten lassen. Den zweiten Pancake genauso zubereiten.

5. Inzwischen den ersten Pancake kreuz und quer in mundgerechte Stücke schneiden. Die Pancakestücke mit Stäbchen in den Dip tunken und genießen. Den zweiten Pancake servieren, wenn der erste verputzt ist.

In Korea werden diese Pfannkuchen Pajeon ge-
nannt und neben Frühlingszwiebeln mit allerlei
weiteren Zutaten veredelt. Eine formidable Ergänzung sind beispielsweise 125 g längs halbier-
te TK-Garnelen (angetaut).

Sättigendes
Herbstgericht
mit Glücks-
garantie

ROTE-BETE-HIRSE-TALER MIT FELDSALAT

Für 2 Personen
Zubereitungszeit: 30 Min.
Pro Portion ca. 820 kcal

150 g Hirse
100 g Schafskäse (Feta)
2 Stängel Dill
100 g Feldsalat
4 EL Aceto balsamico
2 TL scharfer Senf
3 TL Honig
Salz
Pfeffer
1½ EL Walnussöl
100 g Rote-Bete-Streifen
  (aus dem Glas)
1 EL Zitronensaft
1 Ei (M)
50 g Mehl
Öl zum Braten
30 g Walnusskerne

1. Die Hirse nach Packungsanweisung garen und etwas abkühlen lassen. Den Feta fein zerbröckeln. Dill waschen, trocken schütteln, die Spitzen abzupfen und fein hacken. Den Feldsalat waschen, putzen und trocken schleudern.

2. Für das Dressing Essig, Senf, 2 TL Honig, Salz und Pfeffer verrühren. Das Öl unterschlagen.

3. In einer Schüssel Hirse, Feta, 1 EL Dill, Rote-Bete-Streifen, Zitronensaft, restlichen Honig, Ei und Mehl mischen. Mit Salz und Pfeffer würzen und aus der Masse zehn kleine Bratlinge formen.

4. Den Backofen auf 100° vorheizen. In einer Pfanne ½ cm hoch Öl erhitzen. Die Taler darin in zwei Portionen bei mittlerer Hitze auf beiden Seiten goldbraun braten, dabei noch etwas Öl dazugießen, sobald es weniger wird. Die Taler auf Küchenpapier entfetten und im Backofen bei 100° warm halten.

5. Den Feldsalat mit dem Dressing mischen, auf Teller verteilen und die Taler darauf anrichten. Die Walnüsse zerbröckeln und mit dem übrigen Dill darüberstreuen.

CHEESE FRITTERS MIT HAFERFLOCKEN UND MAIS

Für 4 Personen
Zubereitungszeit: 30 Min.
Pro Portion ca. 515 kcal

300 ml Gemüsebrühe
150 g kernige Haferflocken
280 g Mais (aus der Dose)
2 Frühlingszwiebeln
3 Knoblauchzehen
6 EL Weichweizengrieß
6 EL Mehl
2 Eier (M)
120 g geriebener Gratinkäse
2 TL edelsüßes Paprikapulver
2 TL getrockneter Oregano
Salz
Pfeffer
Öl zum Ausbacken
Chilisauce (nach Belieben)

1. Die Brühe in einem Topf erhitzen. Die Haferflocken dazugeben und 3 Min. quellen lassen. Den Mais in ein Sieb abgießen und abtropfen lassen. Die Frühlingszwiebeln putzen, waschen und in feine Ringe schneiden. Die Haferflocken in ein Sieb abgießen und etwas ausdrücken.

2. Haferflocken, Mais und Frühlingszwiebeln in eine Schüssel geben. Den Knoblauch schälen und dazupressen. Grieß, Mehl, Eier, Käse, Paprikapulver und Oregano untermischen, mit Salz und Pfeffer würzen.

3. Aus der Masse 16 Fritters formen. Den Backofen auf 100° vorheizen. In einer Pfanne ca. ½ cm hoch Öl erhitzen. Die Fritters darin portionsweise bei mittlerer Hitze auf beiden Seiten goldbraun braten, dabei noch etwas Öl dazugießen, sobald es weniger wird.

4. Die Fritters auf Küchenpapier entfetten und im Ofen warm halten. Nach Belieben mit Chilisauce servieren.

Variante

Die Fritters ergeben auch formidable Patties für vegetarische Burger. Dafür einfach flache Fritters in Pattygröße formen und wie beschrieben im heißen Fett ausbacken.

CREMIGE MAIS-HÄHNCHEN-PFANNE

Für 2 Personen
Zubereitungszeit: 25 Min.
Pro Portion ca. 715 kcal

1 Zwiebel
1 Knoblauchzehe
1 rote Paprika
1 Dose Mais (285 g Abtropf-gewicht)
2 Frühlingszwiebeln
1 Bund Koriandergrün
2 EL Öl
300 g geschnetzteltes Hähn-chenfilet
1 TL edelsüßes Paprikapulver
½ TL gemahlener Kreuz-kümmel
Cayennepfeffer
Salz
Pfeffer
2 TL Honig
100 g Schmand
100 ml Gemüsebrühe
2 EL Limettensaft
50 g geriebener Gratinkäse

1. Die Zwiebel und den Knoblauch schälen und fein würfeln. Die Paprika waschen, halbieren, weiße Trennwände und Kerne entfernen. Die Hälften klein würfeln. Mais in einem Sieb abtropfen lassen. Frühlingszwiebeln putzen, waschen und in Ringe schneiden. Koriandergrün waschen, trocken schütteln und die Blätter abzupfen.

2. Das Öl in einer großen Pfanne erhitzen. Hähnchenfleisch, Mais, Paprika, Zwiebel und Knoblauch darin 8 Min. andünsten. Paprikapulver, Kreuzkümmel und 2 Prisen Cayennepfeffer kurz mitdünsten, mit Salz und Pfeffer würzen. Den Honig unterrühren. Schmand und Brühe hinzufügen und alles weitere 5 Min. kochen.

3. Den Limettensaft unterrühren, mit Salz und Pfeffer abschmecken. Den Käse darüberstreuen und schmelzen lassen. Die Hähnchenpfanne mit Frühlingszwiebeln und Koriander bestreut servieren. Dazu passt Reis.

Norditalienische Nocken richtig rustikal

GNOCCHI-PFANNE MIT PILZEN UND BOHNEN

Für 2 Personen
Zubereitungszeit: 25 Min.
Pro Portion ca. 730 kcal

150 g gegarte Kidneybohnen
(aus Glas oder Dose)
1 rote Zwiebel
250 g braune Champignons
2 EL Öl
300 g Pfannen-Gnocchi
(Kühlregal)
1½ EL Tomatenmark
1 TL Zucker
100 ml Gemüsebrühe
100 g Crème fraîche
5 EL geriebener Gratinkäse
½ TL geräuchertes Paprikapulver
Salz
Pfeffer

1. Die Bohnen abtropfen lassen. Die Zwiebel schälen und in Würfel schneiden. Die Pilze putzen und in dicke Scheiben schneiden.

2. Das Öl in einer Pfanne erhitzen. Zwiebeln, Pilze und Gnocchi darin ca. 5 Min. braten, bis alles leicht braun ist, dabei hin und wieder wenden. Die Bohnen dazugeben und erhitzen.

3. Die Pfannenmitte freischieben, Tomatenmark und Zucker hineingeben und kurz braten, bis der Zucker leicht karamellisiert. Brühe, Crème fraîche, 3 EL Käse und Paprikapulver unterrühren und kurz köcheln lassen, bis Gnocchi und Pilze von der Sauce überzogen sind. Mit Salz und Pfeffer abschmecken, auf Teller verteilen und mit dem restlichen Käse bestreut servieren.

Grünes Eiweißwunder

ERBSEN-FRITTATA MIT BURRATA

Für 4 Personen
Zubereitungszeit: 30 Min.
Pro Portion ca. 480 kcal

300 g TK-Erbsen
1 Bund Frühlingszwiebeln
10 Eier (M)
1 TL geräuchertes Paprikapulver
60 g geriebener Parmesan
Salz
Pfeffer
40 g Knoblauchbutter
1 kleines Bund Basilikum
1 Burrata (100–125 g)
1 Kästchen Kresse
4 Zitronenspalten

1. Den Backofen auf 180° (Umluft) vorheizen. Die Erbsen in einem Topf in kochendem Wasser 3 Min. blanchieren. Inzwischen die Frühlingszwiebeln putzen, waschen und in Ringe schneiden. Die Erbsen in ein Sieb abgießen und abtropfen lassen.

2. Die Eier in einer Schüssel mit Paprikapulver und Parmesan verrühren, mit Salz und Pfeffer würzen. Die Erbsen und Frühlingszwiebeln untermischen.

3. Die Knoblauchbutter in einer ofenfesten Pfanne erhitzen. Die Eiermasse darin verteilen und 2–3 Min. ohne zu rühren anbraten. Dann im Backofen (Mitte) in 14 Min. stocken und leicht bräunen lassen.

4. Das Basilikum waschen, trocken schütteln und die Blätter abzupfen. Die Pfanne aus dem Ofen nehmen. Die Burrata abtropfen lassen, zerpflücken und auf der Frittata verteilen. Die Kresse abschneiden und mit dem Basilikum auf die Frittata streuen. Etwas Pfeffer grob darübermahlen. Die Frittata in der Pfanne servieren, bei Tisch auf Teller verteilen und die Zitronenspalten dazulegen. Dazu passt Ciabatta oder Baguette.

Variante

Ganz anders, aber richtig sommerlich frisch: Burrata durch Ziegenfrischkäserolle mit Honig ersetzen und diese über die Frittata bröckeln. Dann Minze statt Basilikum verwenden.

DORADEN-FILETS MIT SPINAT-COUSCOUS

Für 2 Personen
Zubereitungszeit: 20 Min.
Pro Portion ca. 785 kcal

200 ml Gemüsebrühe
150 g TK-Spinat (gehackt)
3 EL Limettensaft
1 TL orientalische Gewürzmischung (z. B. Dukkah, Ras
   el Hanout oder Baharat)
1 TL Honig
125 g Couscous
   (z. B. Dinkel-Couscous)
2 TK-Doradenfilets (mit Haut;
   à ca. 125 g; angetaut)
2 EL Mehl
4 EL Öl zum Braten
40 g Knoblauchbutter
Salz
Pfeffer
½ Pck. TK-6- oder 8-Kräuter-
   Mischung (ca. 30 g)

1. In einem Topf die Brühe mit Spinat, 1 EL Limettensaft, Gewürzmischung und Honig zum Kochen bringen und 3 Min. kochen. Den Couscous unter den Spinat rühren und zugedeckt auf dem ausgeschalteten Herd ca. 10 Min. quellen lassen.

2. Die Doradenfilets unter kaltem Wasser abspülen und mit Küchenpapier trocken tupfen. Das Mehl auf einem Teller verteilen. Die Doradenfilets auf der Hautseite in das Mehl drücken.

3. Das Öl in einer Pfanne erhitzen und die Doradenfilets darin auf der Hautseite in ca. 6 Min. leicht braun braten. Wenden und 1–2 Min. weiter braten. Das überschüssige Öl abgießen und die Filets erneut wenden. Knoblauchbutter und übrigen Limettensaft (2 EL) in die Pfanne geben und über die Filets löffeln, dabei noch einmal wenden. Mit Salz und Pfeffer würzen.

4. Couscous auflockern, die Kräuter untermischen, mit Salz und Pfeffer abschmecken. Den Spinat-Couscous auf Teller verteilen, die Doradenfilets darauf anrichten und mit der Knoblauch-Limetten-Butter beträufeln.

TOFU-GORENG MIT ZUCKER-SCHOTEN

Für 2 Personen
Zubereitungszeit: 30 Min.
Pro Portion ca. 325 kcal

225 g TK-Zuckerschoten
1 Tomate
1 Knoblauchzehe
1 Stück Ingwer
2 EL Sambal Oelek
2 EL Weißweinessig
2 TL Zucker
1 rote Zwiebel
200 g fester Tofu
2 EL Öl
Salz
Pfeffer

1. Die Zuckerschoten in einem Topf mit Dämpfeinsatz über kochendem Wasser in 5 Min. bissfest dämpfen.

2. Inzwischen die Tomate waschen und in grobe Würfel schneiden, dabei den Stielansatz entfernen. Knoblauch und Ingwer schälen und grob würfeln. Alles im Blitzhacker mit Sambal Oelek, Essig und Zucker fein pürieren.

3. Die Zuckerschoten in ein Sieb abgießen, kalt abschrecken und abtropfen lassen. Die Zwiebel schälen und in Würfel schneiden. Tofu ebenfalls in Würfel schneiden.

4. Das Öl in einer Pfanne erhitzen und den Tofu darin bei starker Hitze in ca. 8 Min. leicht braun braten, dabei nach 2 Min. die Zwiebel dazugeben. Die Zuckerschoten hinzufügen und 2 Min. mitbraten. Schließlich den Tomaten-Gewürz-Mix dazugießen und 2–3 Min. dickflüssig einkochen lassen. Mit Salz und Pfeffer abschmecken. Zum Tofu-Goreng passt Basmatireis.

Tipp

Seine Schärfe erhält dieses Gericht durch Sambal Oelek, eine indonesische Würzsauce auf Chilibasis. Wer es etwas milder mag, verwendet stattdessen das leicht süßliche Sambal Manis.

China-Style

GEBRATENE GRÜNE BOHNEN MIT HACK- FLEISCH

Für 2 Personen
Zubereitungszeit: 30 Min.
Pro Portion ca. 660 kcal

225 g TK-Brechbohnen
50 ml trockener Weißwein
2 EL süß-scharfe Chilisauce
2 EL Sojasauce
1 TL Zucker
½ TL Ingwerpulver
1 Knoblauchzehe
1 Zwiebel
2 EL Öl
250 g Hackfleisch
  (halb und halb)
50 g Cashewkerne
Salz
Pfeffer

1. Die Bohnen in einem Topf mit Dämpfeinsatz über kochendem Wasser in ca. 6 Min. bissfest dämpfen. Inzwischen in einer Schüssel Wein, Chilisauce, Sojasauce, Zucker und Ingwerpulver verrühren. Den Knoblauch schälen und dazupressen.

2. Die Bohnen in ein Sieb abgießen, kalt abschrecken und abtropfen lassen. Die Zwiebel schälen und in Würfel schneiden. Das Öl in einer Pfanne erhitzen und das Hackfleisch darin bei starker Hitze in ca. 8 Min. bröselig und braun braten, dabei nach 2 Min. die Zwiebel dazugeben. Cashewkerne und Bohnen untermischen und ein paar Minuten mitbraten.

3. Die Wein-Gewürz-Sauce dazugießen und 2–3 Min. dickflüssig einkochen lassen. Mit Salz und Pfeffer abschmecken. Dazu passt Basmatireis.

OFEN-FRISCHER GENUSS

Schnell, heiß und extra köstlich: Diese Ofengerichte sind im Handumdrehen vorbereitet und entfalten ihre Magie beim gemütlichen Garen im Rohr. Yummy!

OFENLACHS MIT SENF-KRUSTE UND RAHM-WIRSING

Für 2 Personen
Zubereitungszeit: 10 Min. + 30 Min. Backen
Pro Portion ca. 470 kcal

2 EL körniger Senf
2 EL Semmelbrösel
2 EL Zitronensaft
1 TL Honig
1 EL Öl
Salz
Pfeffer
350 g TK-Rahmwirsing
2 TK-Lachsfilet-Stücke
  (à ca. 125 g)
2 Frühlingszwiebeln
Auflaufform (ca. 20 × 30 cm)

1. Den Backofen auf 220° vorheizen. Für die Kruste Senf, Semmelbrösel, 1 EL Zitronensaft, Honig und Öl verrühren. Mit Salz und Pfeffer würzen.

2. Den Wirsing in der Auflaufform verteilen und den restlichen Zitronensaft darüberträufeln. Den Lachs darauflegen und mit der Senfmasse bestreichen. Im Backofen (Mitte) ca. 30 Min. backen, bis der Lachs gar und die Kruste gut gebräunt ist.

3. Inzwischen die Frühlingszwiebeln putzen, waschen und in feine Ringe schneiden. Den Ofenlachs mit dem Rahmwirsing auf Teller verteilen und mit den Frühlingszwiebeln bestreut servieren. Dazu passen Salzkartoffeln.

Variante

Andere Kruste gefällig? Genauso lecker schmeckt die Kruste, wenn 1 EL Senf durch die gleiche Menge geriebenen Meerrettich (aus dem Glas) ersetzt wird.

OFEN-SPAR-GEL MIT BÄRLAUCH-HOLLAN-DAISE

Für 2 Personen
Zubereitungszeit: 30 Min.
Pro Portion ca. 490 kcal

600 g TK-Spargelstangen

1 EL Olivenöl

Salz

500 g festkochende Kartoffeln

1 EL Butter

2 EL Zitronensaft

½ TL Zucker

Pfeffer

250 g fettarme Sauce
hollandaise

2 EL Bärlauchpesto

1 EL Salatkern-Mix

Auflaufform (ca. 20 × 30 cm)

1. Den Backofen auf 220° vorheizen. Den Spargel in die Auflaufform legen, mit Olivenöl bestreichen und leicht salzen. Im Backofen (Mitte) 25 Min. backen, bis er gar und leicht gebräunt ist.

2. Die Kartoffeln waschen und in einem Topf mit leicht gesalzenem Wasser bedeckt zum Kochen bringen. Mit schräg aufgelegtem Deckel ca. 25 Min. köcheln.

3. Die Butter schmelzen, mit 1 EL Zitronensaft und Zucker verrühren, mit Salz und Pfeffer würzen. Die Hollandaise in einem Topf erhitzen, Bärlauchpesto und restlichen Zitronensaft unterrühren, mit Pfeffer abschmecken. Die Salatkerne in einer Pfanne ohne Fett leicht anrösten.

4. Den Spargel mit der Zitronen-Butter bestreichen. Die Kartoffeln abgießen und etwas ausdampfen lassen. Den Spargel auf Teller verteilen und mit den Salatkernen bestreuen. Die Kartoffeln danebenlegen und bei Tisch pellen. Die Bärlauch-Hollandaise dazu servieren.

Herbstliches
Feierabend-
Soulfood

OFEN-CHAMPIGNONS AUF KÄSE-RÖST-BROTEN

Für 2 Personen
Zubereitungszeit: 30 Min.
Pro Portion ca. 505 kcal

500 g braune Champignons
2 EL Knoblauchbutter
1 EL Öl
3 EL Aceto balsamico
2 EL Sojasauce
3 EL ital. TK-Kräuter
Zucker
Salz
Pfeffer
2 große Scheiben rustikales
   Brot (z. B. Holzofenbrot)
50 g Frischkäse
3 TL grobkörniger Senf
4 Scheiben Cheddar
60 g Rucola
Auflaufform (ca. 20 × 30 cm)

1. Den Backofen auf 200° vorheizen. Die Pilze putzen und die Stiele einkürzen. Die Knoblauchbutter in einer Pfanne schmelzen.

2. Die Pilze in einer Schüssel mit Knoblauchbutter, Öl, Essig, Sojasauce, Kräutern und 2 Prisen Zucker mischen. Mit Salz und Pfeffer würzen. In eine Auflaufform füllen und im Ofen (Mitte) 20 Min. backen, dabei die Pilze nach 10 Min. wenden.

3. Inzwischen die Brote zuerst mit dem Frischkäse, dann mit Senf bestreichen und mit dem Käse belegen. Die Brote 3 Min. vor Garzeitende der Pilze auf einem Streifen Backpapier mit in den Ofen geben und backen, bis sie knusprig sind und der Käse geschmolzen ist.

4. Rucola waschen und trocken schleudern. Pilze und Brot aus dem Ofen nehmen, die Pilze noch einmal durchrühren. Die Brote auf zwei Teller geben und den Rucola darauf verteilen. Die Pilze darauf anrichten und den ausgetretenen Saft über den Rucola träufeln.

Luftig-Locker

OFEN-PFANN-KUCHEN MIT SAUER-KRAUT

Für 2 Personen
Zubereitungszeit: 15 Min. + 15 Min. Backen
Pro Portion ca. 590 kcal

125 ml Milch
60 g Mehl (Type 550)
2 Eier (M)
1 TL mittelscharfer Senf
1 TL Zucker
Salz
1 Knoblauchzehe
1 säuerlicher Apfel
1 Zwiebel
1 EL Öl
50 g Speckwürfel
400 g gegartes Sauerkraut
 (aus Glas oder Dose)
2 EL Butter
50 g geriebener Gratinkäse
½ Bund Schnittlauch
Tarteform (30 cm Ø)

1. Den Backofen mit der Tarteform auf 240° vorheizen. Für den Teig Milch und Mehl verrühren, die Eier unterschlagen, dann Senf, Zucker und ¼ TL Salz unterrühren. Zuletzt den Knoblauch schälen und dazupressen.

2. Den Apfel waschen und vierteln, das Kerngehäuse entfernen und die Viertel würfeln. Die Zwiebel schälen und fein würfeln. Das Öl in einer Pfanne erhitzen. Apfel, Zwiebel und Speck darin leicht braun braten. Das Sauerkraut untermischen und 4 Min. mitgaren.

3. Die Butter in der heißen Tarteform schmelzen lassen und den Sauerkraut-Mix darauf verteilen. Den Teig darübergießen. Den Pfannkuchen im Backofen (Mitte) 15 Min. backen, bis er schön aufgegangen und gebräunt ist, dabei nach 10 Min. mit dem Käse bestreuen.

4. Den Schnittlauch waschen, trocken schütteln und in Röllchen schneiden. Die Tarteform aus dem Ofen nehmen, den Pfannkuchen in Stücke schneiden und auf Teller verteilen. Den Ofenpfannkuchen mit dem Schnittlauch bestreut servieren. Dazu passt ein grüner Salat.

Brand new Classic

OFEN-DRILLINGE MIT EIERN IN SENF-SAUCE

Für 2 Personen
Zubereitungszeit: 30 Min.
Pro Portion ca. 745 kcal

500 g kleine festkochende
  Kartoffeln (Drillinge)
½ TL gemahlener Koriander
½ TL gemahlener Kreuz-
  kümmel
2 EL Olivenöl
Salz
Pfeffer
2 TL Zucker
3 EL Butter
250 g TK-Spargelstangen
4 Eier (M)
2 EL Mehl
300 ml Milch
1 TL Gemüsebrühe (Instant)
4 EL mittelscharfer Senf
2 TL Kräuteressig
2 EL TK-Kräuter

1. Den Backofen auf 220° vorheizen. Die Kartoffeln waschen und trocken tupfen. Koriander, Kreuzkümmel und Olivenöl mischen. Die Kartoffeln in der Marinade wenden, auf ein mit Backpapier belegtes Blech geben und mit Salz und Pfeffer würzen. Die Kartoffeln im Ofen (Mitte) 25 Min. backen.

2. In einem Topf 1 l gesalzenes Wasser mit 1 TL Zucker und 1 EL Butter aufkochen. Den Spargel darin zugedeckt in ca. 12 Min. gar kochen. Die Eier in einem Topf knapp mit Wasser bedeckt in 6–7 Min. wachsweich oder nach Belieben in 8 Min. hart kochen. Kalt abschrecken.

3. Inzwischen für die Senfsauce die restliche Butter in einem Topf erhitzen und das Mehl darin unter Rühren hell anschwitzen. Nach und nach die Milch einrühren und die Flüssigkeit eindicken lassen. Dann 300 ml Wasser mit der Instant-Brühe dazugeben, alles zum Kochen bringen und einige Minuten köcheln lassen. Senf, Essig, restlichen Zucker und Kräuter unterrühren. Die Sauce mit Salz und Pfeffer abschmecken.

4. Den Spargel abgießen und abtropfen lassen. Die Eier pellen. Spargel in 2–3 cm lange Stücke schneiden und mit den Eiern unter die Sauce mischen. Erneut kurz erhitzen. Kartoffeln auf tiefe Teller verteilen und die Eier in der Spargel-Senfsauce daneben anrichten und servieren.

Variante

Genauso lecker: Den Spargel kann man auch durch 400 g TK-Brokkoli oder 200 g TK-Erbsen ersetzen. Diese nach Packungsanweisung garen und wie beschrieben unter die Sauce mischen.

Feines Streetfood zum Dahinschmelzen

SWEET POTATO FRIES MIT MANGO-SALSA

Für 2 Portionen
Zubereitungszeit: 25 Min.
Pro Portion ca. 695 kcal

100 g TK-Mango
400 g TK-Süßkartoffel-
    Pommes
125 g Cheddar (am Stück)
1 EL Butter
1 TL Mehl
125 ml Milch
½ TL Knoblauchpulver
½ TL Zwiebelpulver
Salz
weißer Pfeffer
2 Tomaten
1 kleine rote Zwiebel
1 rote Chilischote
1 Bund Basilikum
1 TL Honig
2 EL Limettensaft

1. Mango auftauen lassen. Süßkartoffel-Pommes auf einem mit Backpapier belegten Blech nach Packungsanweisung im Backofen garen.

2. Inzwischen den Käse reiben. Die Butter in einem Topf erhitzen und das Mehl darin unter Rühren kurz anschwitzen. Nach und nach die Milch angießen und jeweils dicklich einkochen lassen. Knoblauch- und Zwiebelpulver unterrühren. Dann den Käse portionsweise einstreuen, dabei jeweils rühren, bis er sich aufgelöst hat. Den Topf vom Herd nehmen und die Käsesauce mit Salz und reichlich Pfeffer würzen.

3. Die Mango kleiner würfeln. Tomaten waschen und in Würfel schneiden, dabei die Stielansätze entfernen. Zwiebel schälen und fein würfeln. Die Chilischote waschen und in Ringe schneiden. Das Basilikum waschen und trocken schleudern, die Blätter abzupfen und gegebenenfalls kleiner zupfen. Alles in einer Schüssel mit Honig und Limettensaft mischen, mit Salz und Pfeffer würzen.

4. Die Pommes auf tiefe Teller verteilen und mit der Käsesauce beträufeln, die Mango-Salsa darauf verteilen und sofort servieren.

BLUMEN-KOHL-PITA MIT TAHIN-SAUCE

Für 2 Personen
Zubereitungszeit: 10 Min. + 25 Min. Backen
Pro Portion ca. 575 kcal

250 g griech. Joghurt
½ TL gemahlene Kurkuma
4 EL Zitronensaft
2 EL Olivenöl
2 ½ TL Honig
Salz
weißer Pfeffer
300 g TK-Blumenkohl
   (angetaut)
2 EL Tahin (Sesampaste)
1 Knoblauchzehe
2 Pita-Brote
4 Salatblätter
   (z. B. Lollo bionda)
80 g eingelegte Rote-Bete-
   Scheiben (aus dem Glas)
2 EL Granatapfelkerne

1. Den Backofen auf 220° vorheizen. 100 g Joghurt, Kurkuma, 2 EL Zitronensaft, 1 EL Olivenöl und 2 TL Honig verrühren, mit Salz und Pfeffer würzen. Die Blumenkohlröschen mit der Marinade mischen, auf ein mit Backpapier belegtes Blech geben und im Ofen (Mitte) 25 Min. backen. Gegen Ende der Garzeit nach Belieben den Grill dazuschalten, damit der Blumenkohl leicht bräunt.

2. Den restlichen Joghurt mit Tahin, übrigem Zitronensaft, Olivenöl und Honig verrühren. Knoblauch schälen und dazupressen. Die Sauce mit Salz und Pfeffer würzen.

3. Die Pitabrote aufschneiden und toasten oder kurz im Backofen knusprig backen. Die Salatblätter waschen und trocken schleudern. Rote Bete abtropfen lassen. Die Pitabrote auf den Schnittflächen mit der Sauce bestreichen. Mit Salatblättern, Rote Bete und Blumenkohl belegen und mit den Granatapfelkernen bestreuen. Die Blumenkohl-Pita sofort aus der Hand genießen.

Echter Evergreen

GEFÜLLTE PAPRIKA MIT BULGUR

Für 2 Personen
Zubereitungszeit: 10 Min. + 30 Min. Backen
Pro Portion ca. 610 kcal

400 g Tomatensauce
  (Fertigprodukt;
  z. B. Sorte Basilikum)
1 EL eingelegte Kapern
2 gelbe Paprikaschoten
250 g Bulgursalat (Kühlregal;
  ersatzweise Couscous-
  oder Quinoasalat)
50 g Reibekäse
  (z. B. Gratinkäse)
1 EL scharfe Chilisauce
2 TL flüssiger Honig
1 kleines Fladenbrot
Auflaufform (ca. 20 × 30 cm)

1. Den Backofen auf 220° vorheizen. Die Tomatensauce in der Auflaufform verteilen. Das Saucenglas mit 100 ml Wasser ausspülen und die Flüssigkeit mit den Kapern unter die Sauce in der Form rühren.

2. Die Paprikastiele mit einer Schere so weit wie möglich einkürzen. Die Paprika waschen, quer halbieren, weiße Trennwände und Kerne entfernen. Die Paprikahälften mit den Öffnungen nach oben in die Auflaufform setzen.

3. Den Bulgursalat mit Käse und Chilisauce verrühren und in die Paprika füllen, mit dem Honig beträufeln. Die Paprika im Backofen (Mitte) in ca. 30 Min. gar backen.

4. Nach 25 Min. das Fladenbrot in Streifen schneiden, dazulegen und knusprig aufbacken.

5. Die gefüllten Paprikahälften mit der Sauce auf Tellern anrichten und das Fladenbrot dazu reichen.

Variante

Für Hülsenfrucht-Junkies: Anstelle von
Bulgur 250 g Baked Beans (aus dem Glas) und
40 g Couscous mit den übrigen Zutaten mischen
und in die Paprika füllen. Das Gericht wie beschrieben backen.

Miso und
Aubergine =
Traum-Kombi

GEBACKENE AUBERGINE AUF SPINAT-JOGHURT-SAUCE

Für 2 Personen
Zubereitungszeit: 15 Min. + 30 Min. Backen
Pro Portion ca. 460 kcal

50 g Knoblauchbutter
4 TL helle Misopaste
3 TL Honig
Salz
Pfeffer
2 kleine Auberginen
  (à ca. 300 g)
2 TL Sesam
150 g TK-Spinat (gehackt)
2 EL Öl
2 EL Zitronensaft
1 Stängel Petersilie
2 Stängel Dill
½ TL Korianderpulver
150 g griech. Joghurt
  (10 % Fett)
Auflaufform (ca. 20 × 30 cm)

1. Den Backofen auf 220° vorheizen. In einem Topf die Knoblauchbutter schmelzen, Misopaste und 2 TL Honig unterrühren. Die Misobutter mit Salz und Pfeffer würzen.

2. Die Auberginen waschen und längs halbieren, die Schnittflächen rautenförmig tief einritzen. Die Auberginen mit den Schnittflächen nach oben in die Auflaufform setzen, mit der Misobutter bestreichen und im Backofen (Mitte) 20 Min. backen. Dann mit der restlichen Miso-Butter bestreichen, mit dem Sesam bestreuen und weitere 10 Min. backen.

3. Inzwischen den Spinat mit Öl und Zitronensaft in einem Topf kurz köcheln lassen, vom Herd nehmen, und etwas abkühlen lassen. Kräuter waschen und trocken schütteln, die Blätter bzw. Spitzen abzupfen und hacken.

4. Den Koriander mit dem restlichen Honig (1 TL) unter den Spinat rühren, dann den Joghurt untermischen. Die Spinatsauce mit Salz und Pfeffer abschmecken. Die Sauce kreisförmig auf den Tellern verteilen, die Auberginen darauflegen und etwas Pfeffer grob darübermahlen. Die Auberginen mit den Kräutern bestreuen. Dazu passt knuspriges Fladenbrot oder Reis.

REGISTER

APPETIT AUF MEHR?

ISBN 978-3-8338-7304-1

ISBN 978-3-8338-7691-2

ISBN 978-3-8338-7082-8

ISBN 978-3-8338-6620-3

ISBN 978-3-8338-7950-0

ISBN 978-3-8338-6623-4

Mehr von GU auf **www.gu.de** und **facebook.com/gu.verlag**

LIEBE LESERINNEN UND LESER,

wir wollen Ihnen mit diesem Buch Informationen und Anregungen geben, um Ihnen das Leben zu erleichtern oder Sie zu inspirieren, Neues auszuprobieren. Wir achten bei der Erstellung unserer Bücher auf Aktualität und stellen höchste Ansprüche an Inhalt und Gestaltung. Alle Anleitungen und Rezepte werden von unseren Autoren, jeweils Experten auf ihren Gebieten, gewissenhaft erstellt und von unseren Redakteur*innen mit größter Sorgfalt ausgewählt und geprüft.

Haben wir Ihre Erwartungen erfüllt? Sind Sie mit diesem Buch und seinen Inhalten zufrieden? Wir freuen uns auf Ihre Rückmeldung. Und wir freuen uns, wenn Sie diesen Titel weiterempfehlen, in Ihrem Freundeskreis oder bei Ihrem Online-Kauf.

Sollten wir Ihre Erwartungen so gar nicht erfüllt haben, tauschen wir Ihnen Ihr Buch jederzeit gegen ein gleichwertiges zum gleichen oder ähnlichen Thema um.

KONTAKT ZUM LESERSERVICE

GRÄFE UND UNZER VERLAG
Grillparzerstraße 12
81675 München
www.gu.de

Ein Unternehmen der
GANSKE VERLAGSGRUPPE

IMPRESSUM

G|U

GU ist eine eingetragene Marke der GRÄFE UND UNZER VERLAG GmbH, www.gu.de

ISBN 978-3-8338-9352-0
1. Auflage 2024

Die GU-Homepage finden Sie unter www.gu.de

Projektleitung: Nathalie Künzl
Lektorat: Gertrud Köhn
Bildredaktion: Petra Ender
Umschlaggestaltung und Layout: ki36 Editorial Design, Sabine Krohberger, München
Herstellung: Susanne Fuhrmann, Markus Plötz

Satz: Gertrud Köhn
Reproduktion: Longo AG, Bozen
Druck: aprinta druck GmbH
Bindung: aprinta druck GmbH

Umwelthinweis

Nachhaltigkeit ist uns sehr wichtig. Der Rohstoff Papier ist in der Buchproduktion hierfür von entscheidender Bedeutung. Daher ist dieses Buch auf PEFC-zertifiziertem Papier gedruckt. PEFC garantiert, dass ökologische, soziale und ökonomische Aspekte in der Verarbeitungskette unabhängig überwacht werden und lückenlos nachvollziehbar sind.

Bildnachweis

Viola Konrad: Cover-Illustration
Julia Hoersch: alle Bilder im Innenteil, außer:
Creative Market: Illustrationen im Innenteil, z. B. S. 4
Getty Images: S. 7, 8, 9
StockFood: S. 2, 6

Bildagentur Image Professionals GmbH, Tumblingerstr. 32, 80337 München www.image-professionals.com